Wendepunkte im Leben

VIRGO.
LIBRA.
SCORPIUS.
SAGITARIUS.
CAPRICORNUS.
AQUARIUS.
PISCIS.
ARIES.
TAURUS.
GEMINI.
CANCER.
LEO.
AUGUSTUS
SEPTEMBER
OCTOBER.
NOVEMBER
DECEMBER.
IANUARIUS.
FEBRUARIUS.
MARTIUS
APRILIS.
MAIUS.
IUNIUS.
IULIUS.

Hermine-Marie Zehl/Christine Kobbe

Wendepunkte im Leben

Mit dem astrologischen Siebenjahresrhythmus Krisen bewältigen und Chancen nutzen

LUDWIG

Inhalt

Einleitung 8

Der Zyklus der sieben Jahre 16

Der Aszendent 18

Die Typologisierung der Aszendenten 22
Widder-Aszendent 22
Stier-Aszendent 24
Zwillinge-Aszendent 25
Krebs-Aszendent 28
Löwe-Aszendent 30
Jungfrau-Aszendent 33
Waage-Aszendent 35
Skorpion-Aszendent 37
Schütze-Aszendent 38
Steinbock-Aszendent 40
Wassermann-Aszendent 42
Fische-Aszendent 45

Die Häuser 48
Häuserinterpretation nach Hermann Meyer 50
Die vier Quadranten 52
Die Häuserspitzen – Bestimmung des Siebenjahresherrschers 54

Die Sonne 56
Sonne und Aszendent 56
Die Sonne – das handelnde Ego, der Held 57
Die zwei Aufgaben der Sonne 58

Die Sonne in den Zeichen und Häusern 60
Die Sonne im Widder 60
Die Sonne im Stier 61
Die Sonne im Zwilling 62
Die Sonne im Krebs 63
Die Sonne im Löwen 64
Die Sonne in der Jungfrau 65
Die Sonne in der Waage 66
Die Sonne im Skorpion 67
Die Sonne im Schützen 69
Die Häuser eins bis neun (Quadranten eins bis drei) 70
Die Häuser zehn bis zwölf (der vierte Quadrant) 70
Die Sonne im Steinbock 71
Die Sonne im Wassermann 72
Die Sonne im Fisch 74

Die Bedeutung des Siebenjahresherrschers 76

Anliegen und Verwirklichung 78
Das Auffinden Ihres derzeitigen Siebenjahresherrschers 79
Wie Sie Ihre Färbung noch genauer bestimmen können 82

Aszendent Widder 84
28 bis 34: Schütze-Qualität 84
35 bis 41: Skorpion-Qualität 86
42 bis 48: Waage-Qualität 87
49 bis 55: Jungfrau-Qualität 89

Aszendent Stier 90
28 bis 34: Steinbock-Qualität 90
35 bis 41: Schütze-Qualität 91
42 bis 48: Skorpion-Qualität 93
49 bis 55: Waage-Qualität 94

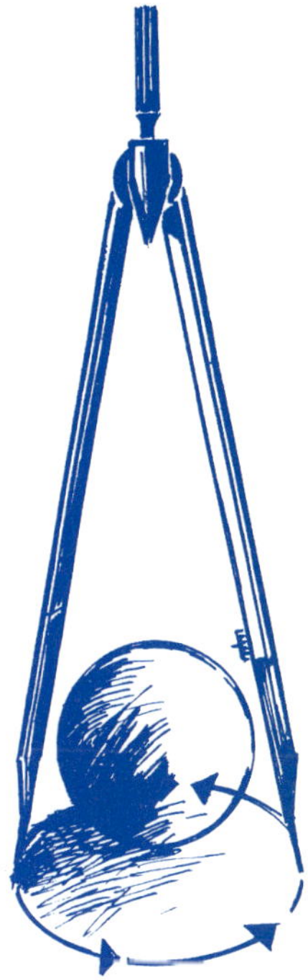

Aszendent Zwillinge 96
28 bis 34: Wassermann-Qualität 96
35 bis 41: Steinbock-Qualität 97
42 bis 48: Schütze-Qualität 99
49 bis 55: Skorpion-Qualität 100

Aszendent Krebs 102
28 bis 34: Fische-Qualität 102
35 bis 41: Wassermann-Qualität 103
42 bis 48: Steinbock-Qualität 105
49 bis 55: Schütze-Qualität 106

Aszendent Löwe 108
28 bis 34: Widder-Qualität 108
35 bis 41: Fische-Qualität 110
42 bis 48: Wassermann-Qualität 112
49 bis 55: Steinbock-Qualität 113

Aszendent Jungfrau 116
28 bis 34: Stier-Qualität 116
35 bis 41: Widder-Qualität 117
42 bis 48: Fische-Qualität 119
49 bis 55: Wassermann-Qualität 120

Aszendent Waage 122
28 bis 34: Zwillinge-Qualität 122
35 bis 41: Stier-Qualität 123
42 bis 48: Widder- Qualität 125
49 bis 55: Fische-Qualität 126

Aszendent Skorpion 128
28 bis 34: Krebs-Qualität 128
35 bis 41: Zwillinge-Qualität 130
42 bis 48: Stier-Qualität 131
49 bis 55: Widder-Qualität 132

Aszendent Schütze 134
28 bis 34: Löwe-Qualität 134
35 bis 41: Krebs-Qualität 136
42 bis 48: Zwillinge-Qualität 137
49 bis 55: Stier-Qualität 139

Aszendent Steinbock 140
28 bis 34: Jungfrau-Qualität 140
35 bis 41: Löwe-Qualität 142
42 bis 48: Krebs-Qualität 143
49 bis 55: Zwillinge-Qualität 145

Aszendent Wassermann 146
28 bis 34: Waage-Qualität 146
35 bis 41: Jungfrau-Qualität 147
42 bis 48: Löwe-Qualität 148
49 bis 55: Krebs-Qualität 150

Aszendent Fische 152
28 bis 34: Skorpion-Qualität 152
35 bis 41: Waage-Qualität 153
42 bis 48: Jungfrau-Qualität 155
49 bis 55: Löwe-Qualität 156

Über dieses Buch 158

Register 159

Einleitung

> **Die Sieben ist eine »magische« und »heilige« Zahl, die von den Menschen seit Anbeginn verehrt und gefürchtet wird. Sie ist auf den Mondrhythmus zurückzuführen.**

Alle sieben Jahre haben wir die Chance, unserem Leben eine neue Richtung zu geben, entsprechende Kurskorrekturen vorzunehmen. Alle sieben Jahre bekommt unser Leben eine andere Färbung, ein anderes Lebensthema wird angesprochen. Alle sieben Jahre deswegen, weil wir den wichtigsten aller Rhythmen, die unser Leben beeinflussen, gewählt haben – den Mondrhythmus. Er ist zuständig für die inhaltlichen Dinge in unserem Leben, und um die geht es in diesem Buch. Die Sieben ist nicht zufällig eine »magische« oder »heilige« Zahl, die seit jeher von Menschen verehrt oder gefürchtet wird, sie ist auf den Mondrhythmus zurückzuführen. Der Mond braucht 28 Tage (4 x 7 Tage, also 1 Mondmonat), um den Tierkreis zu umrunden, und im Geburtshoroskop braucht er sieben Jahre, um ein Haus zu durchwandern. Wenn Sie 84 Jahre alt sind, steht der Mond wieder an der gleichen Stelle wie zum Zeitpunkt Ihrer Geburt (7 Jahre x 12 Zeichen). Um festzustellen, in welcher Lebensphase, in welchem Siebenjahresabschnitt Sie sich befinden und welche Möglichkeiten sich Ihnen durch Ihre augenblickliche Zeitqualität bieten, müssen Sie Ihren Aszendenten (AC) kennen, der der Anfang eines jeden Horoskops ist. Er ist das Sternzeichen, das zum Zeitpunkt unserer Geburt am Horizont aufsteigt und unsere Anlage repräsentiert. Sinnbildlich schlüpft nun der Aszendent in das Gewand seiner Anlage und beginnt die Wanderung durch das Horoskop. Und alle sieben Jahre ändert sich sein Gewand: in Farbe, Struktur und Form. In einem »natürlichen« Horoskopkreis, dessen erstes Zeichen immer der Widder ist, bilden die zwölf Sternzeichen sogenannte Häuser zu je 30 Grad. In diesen Kreis werden bei einer Horoskoperstellung dann jeweils die zwölf Häuser eingetragen.

Der »natürliche« Tierkreis:

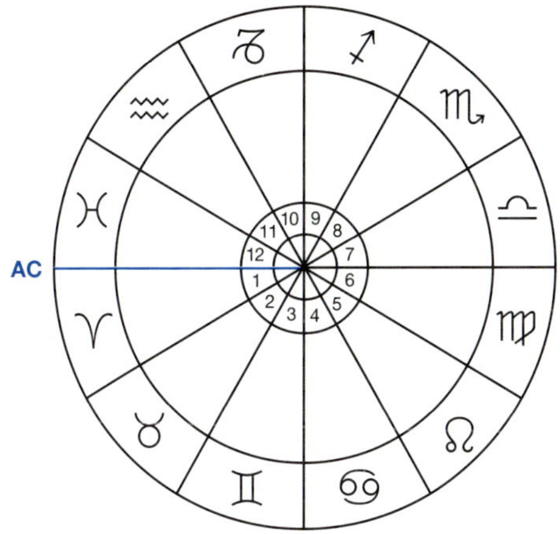

Ein Horoskop mit »persönlichen« Häusern:

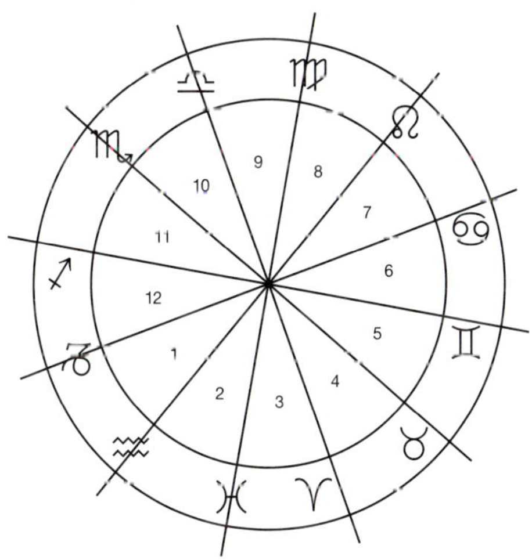

Jeder Häuseranfang – vom Aszendenten aus im Uhrzeigersinn gerechnet – bedeutet weitere sieben Jahre. Das Zeichen, durch das die jeweilige Häuserspitze geht, ist dann der jeweilige Siebenjahresherrscher. Er gibt die Färbung dieser sieben Jahre vor. In der Regel rückt er alle sieben Jahre um ein Sternzeichen weiter.

Der Siebenjahresherrscher ist das Zeichen, durch das die jeweilige Häuserspitze geht.

Die Entwicklung des Siebenjahresherrschers durch Döbereiner

Die Gesetzmäßigkeit des Siebenjahresherrschers, der unseren Lebensrhythmus in gleichmäßige Abschnitte einteilt, wurde von einem der Altmeister der Astrologie, Wolfgang Döbereiner, entwickelt und angewendet, zudem in zahlreichen Erfahrungsbeispielen dokumentiert. Im vorliegenden Buch haben wir auf diesen Erfahrungsschatz zurückgegriffen. Wir konnten dabei auf Döbereiners Rhythmenlehre jedoch nicht derart detailliert eingehen, wie er sie selbst praktiziert. Vielmehr haben wir versucht, die Grundstruktur des Siebenjahresrhythmus allgemein verständlich zu erarbeiten und darzustellen. Wir sind dabei auf die wichtigsten gemeinsamen Nenner eingegangen, mit denen das Horoskop die Persönlichkeit des Einzelnen beschreibt: die Sonne in den Zeichen und Häusern, den Aszendenten und die Häuser selbst.

Neben dem Siebenjahresrhythmus nehmen auch die Transite Einfluss auf die Zeitqualität.

Nicht nur der Siebenjahresrhythmus, sondern auch die Transite, vor allem die der langsam laufenden Planeten, nehmen Einfluss auf die Zeitqualität. Diese Einflüsse haben wir in den Aussagen berücksichtigt. Zu Gunsten einer leichteren Verständlichkeit haben wir allerdings darauf verzichtet, auf die Planetenstände gesondert einzugehen.

Die Ausarbeitung der Zeitqualitäten

Bei der Ausarbeitung der Zeitqualitäten haben wir uns auf die Lebensalter 28 bis 55 Jahre beschränkt. Diese Auswahl ist sinnvoll, weil man bis zum 28. Lebensjahr mit dem Aufbau der Existenz vollauf beschäftigt ist. Erst dann ist Zeit zum Innehalten und zur Selbstreflexion. Andererseits sind die Phasen nach 56 schon Zeiten der Ernte. Meist erfolgt die Weichenstellung für das letzte Drittel des Lebens während der letzten beiden von uns besprochenen Siebenjahreszyklen, also im Alter von 42 bis 55 Jahren.

Die Lebensrhythmen

0– 6 Jahre	Geburt, Egobildung, Kindergarten
7–13 Jahre	Schulbeginn, Sozialisation, Selbstbehauptung
14–20 Jahre	Pubertät, Selbstfindung, Ausbildung
21–27 Jahre	Ausbildungsweiterführung, Studium, Ablösung vom Elternhaus
28–34 Jahre	Familiengründung, berufliche Anerkennung
35–41 Jahre	Überprüfung von Zielen beruflicher und familiärer Strukturen
42–48 Jahre	Führungsposition, erwachsene Kinder verlassen das Haus, Rollenneudefinition in der Partnerschaft
49–55 Jahre	Beruflicher Höhepunkt überschritten, Hinwendung zu sozialen und kreativen Zielen
56–62 Jahre	»Zeit der Ernte«, ideelle Neuorientierung
63–69 Jahre	Spiritualität, Lebenssinn
70–76 Jahre	Weisheit, Transzendenz
77–83 Jahre	Vollendung des Zyklus, Vorbereitung auf den Tod als Wandlung

Bevor wir aber auf diese Zyklen eingehen, ist es notwendig, dass Sie sich noch einmal vor Augen führen, wer Sie sind und was Ihre Persönlichkeit ausmacht. Zur Grundstruktur eines Menschen gehört neben dem Aszendenten und der Anordnung der Häuser natürlich auch die Sonne.

Im ersten Teil gehen wir deshalb ausführlich auf diese einzelnen Strukturen ein. Nach der grundsätzlichen Typologisierung Ihres Aszendenten und der Erklärung der einzelnen Häuser als Lebensgebiete ist ein ganzes Kapitel der Sonne gewidmet. Nicht nur ihre Bedeutung in den Zeichen – landläufig als Sternzeichen bekannt – wird behandelt, wesentlich ausführlicher zeigen wir Ihnen, wo und wie Sie Ihre Lebenskraft einsetzen und welche Motive Ihren Handlungen zugrunde liegen.

Die Sonne ist für die Grundstruktur des Menschen ebenso bedeutsam wie der Aszendent und die Anordnung der Häuser.

Die Zeichen, Häuser und die ihnen zugeordneten Planeten

Jedes der zwölf Tierkreiszeichen wird von einem Planeten beherrscht.

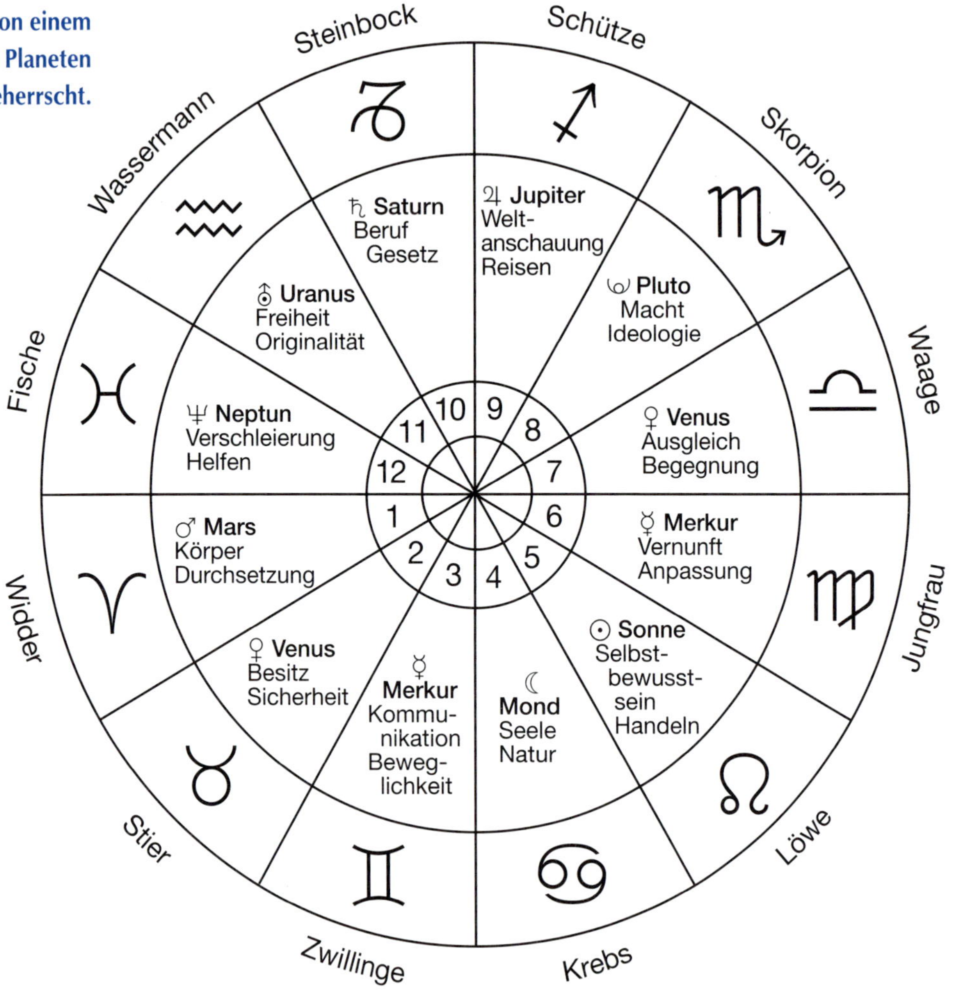

So ermitteln Sie Ihren Aszendenten

Mit der Aszendententabelle bestimmen Sie mühelos das Tierkreiszeichen, das zu Ihrer Geburtsstunde am Himmel aufstieg.

Natürlich können Sie mit dem Computerprogramm auf beiliegender CD-ROM ganz leicht errechnen lassen, welchen Aszendenten Sie haben. Genauso gut können Sie das jedoch auch mit der folgenden Tabelle ermitteln. Sie müssen – zusätzlich zu Ihrem Geburtstag und -ort – nur wissen, zu welcher Uhrzeit Sie geboren wurden.
Suchen Sie in der linken Spalte das Tierkreiszeichen, unter dem Sie geboren wurden, und gehen Sie in die Zeile mit der Dekade, in der Ihr Geburtstag liegt. Suchen Sie nun in der oberen waagerechten Zeile Ihre Geburtszeit, und gehen Sie in dieser Spalte senkrecht nach unten, bis Sie in die Zeile Ihrer Geburtsdekade kommen. Das Symbol, das in diesem Schnittpunkt steht, verkörpert Ihren Aszendenten. Hinweis: Runden Sie Ihre Geburtszeit auf die nächste halbe Stunde auf oder ab – je nachdem, zu welcher Zeit sie näher liegt.

Beispiel der Aszendentenberechnung

Nehmen wir an, Sie sind am 27. September – also im Sternzeichen der Waage – geboren. Suchen Sie nun in der linken Spalte das Symbol für die Waage, das Zeichen ♎, und gehen Sie dort in die erste Zeile, die die Dekade vom 24.9.–2.10. umfasst. Sie wissen, dass Sie um 9.21 geboren wurden. Diese Uhrzeit liegt zwischen 9.00 und 9.30, jedoch näher an 9.30. Gehen Sie daher in der oberen waagerechten Spalte für die Geburtszeit bis 9.30. Fahren Sie nun diese Spalte senkrecht nach unten, bis sie die Geburtstagsspalte kreuzt. Im Schnittpunkt sehen Sie das Zeichen ♏, das für den Skorpion steht. Sie wissen nun, dass Sie Aszendent Skorpion sind.
Die folgende Aszendententabelle gilt für alle Jahrgänge. Sie ermittelt beinahe ebenso zuverlässig wie ein Computerprogramm Ihren Aszendenten, wenn Sie in Mitteleuropa geboren wurden. Nur in seltenen Ausnahmefällen erhalten Sie bei der Computerberechnung ein anderes Ergebnis.

Aszendententabelle

Geburtstag ▼(Dekade)	Geburtszeit ▶	0.00	0.30	1.00	1.30	2.00	2.30	3.00	3.30	4.00	4.30	5.00	5.30	6.00	6.30	7.00	7.30	8.00	8.30	9.00	9.30	10.00	10.30
Widder ♈	21.3. – 30.3.	♐	♐	♐	♐	♐	♑	♑	♑	♑	♒	♒	♓	♓	♈	♈	♉	♉	♊	♊	♊	♊	♋
	31.3. – 9.4.	♐	♐	♐	♑	♑	♑	♑	♒	♒	♓	♓	♈	♈	♉	♉	♉	♊	♊	♊	♋	♋	♋
	10.4. – 20.4.	♐	♐	♑	♑	♑	♑	♒	♒	♓	♓	♈	♈	♉	♉	♉	♊	♊	♊	♋	♋	♋	♋
Stier ♉	21.4. – 30.4.	♐	♑	♑	♑	♒	♒	♒	♓	♓	♈	♈	♉	♉	♊	♊	♊	♋	♋	♋	♋	♋	♌
	1.5. – 10.5.	♑	♑	♑	♒	♒	♒	♓	♈	♈	♉	♉	♉	♊	♊	♊	♋	♋	♋	♋	♋	♌	♌
	11.5. – 20.5.	♑	♑	♒	♒	♓	♓	♈	♈	♉	♉	♊	♊	♊	♊	♋	♋	♋	♋	♋	♌	♌	♌
Zwillinge ♊	21.5. – 30.5.	♒	♒	♒	♓	♓	♈	♈	♉	♉	♊	♊	♊	♋	♋	♋	♋	♋	♌	♌	♌	♌	♌
	31.5. – 9.6.	♒	♓	♓	♈	♈	♉	♉	♊	♊	♊	♊	♋	♋	♋	♋	♋	♌	♌	♌	♌	♌	♌
	10.6. – 21.6.	♓	♓	♈	♈	♉	♉	♊	♊	♊	♊	♋	♋	♋	♋	♋	♌	♌	♌	♌	♌	♍	♍
Krebs ♋	22.6. – 1.7.	♈	♈	♉	♉	♉	♊	♊	♊	♋	♋	♋	♋	♋	♌	♌	♌	♌	♌	♌	♍	♍	♍
	2.7. – 11.7.	♈	♉	♉	♊	♊	♊	♊	♋	♋	♋	♋	♋	♌	♌	♌	♌	♌	♍	♍	♍	♍	♍
	12.7. – 22.7.	♉	♉	♊	♊	♊	♊	♋	♋	♋	♋	♋	♌	♌	♌	♌	♌	♍	♍	♍	♍	♍	♍
Löwe ♌	23.7. – 1.8.	♉	♊	♊	♊	♋	♋	♋	♋	♋	♌	♌	♌	♌	♌	♌	♍	♍	♍	♍	♍	♎	♎
	2.8. – 11.8.	♊	♊	♊	♋	♋	♋	♋	♋	♌	♌	♌	♌	♌	♍	♍	♍	♍	♍	♍	♎	♎	♎
	12.8. – 23.8.	♊	♋	♋	♋	♋	♋	♌	♌	♌	♌	♌	♌	♍	♍	♍	♍	♍	♍	♎	♎	♎	♎
Jungfrau ♍	24.8. – 1.9.	♋	♋	♋	♋	♋	♌	♌	♌	♌	♌	♌	♍	♍	♍	♍	♍	♎	♎	♎	♎	♎	♎
	2.9. – 12.9.	♋	♋	♋	♋	♌	♌	♌	♌	♌	♍	♍	♍	♍	♍	♍	♎	♎	♎	♎	♎	♏	♏
	13.9. – 23.9.	♋	♋	♌	♌	♌	♌	♌	♌	♍	♍	♍	♍	♍	♎	♎	♎	♎	♎	♎	♏	♏	♏
Waage ♎	24.9. – 2.10.	♋	♌	♌	♌	♌	♌	♌	♍	♍	♍	♍	♍	♎	♎	♎	♎	♎	♎	♏	♏	♏	♏
	3.10. – 12.10.	♌	♌	♌	♌	♌	♍	♍	♍	♍	♍	♍	♎	♎	♎	♎	♎	♏	♏	♏	♏	♏	♏
	13.10. – 23.10.	♌	♌	♌	♌	♍	♍	♍	♍	♍	♍	♎	♎	♎	♎	♎	♏	♏	♏	♏	♏	♏	♐
Skorpion ♏	24.10. – 1.11.	♌	♌	♌	♍	♍	♍	♍	♍	♎	♎	♎	♎	♎	♎	♏	♏	♏	♏	♏	♐	♐	♐
	2.11. – 1.11.	♌	♍	♍	♍	♍	♍	♍	♎	♎	♎	♎	♎	♏	♏	♏	♏	♏	♏	♐	♐	♐	♐
	12.11. – 22.11.	♍	♍	♍	♍	♍	♍	♎	♎	♎	♎	♎	♏	♏	♏	♏	♏	♏	♐	♐	♐	♐	♐
Schütze ♐	23.11. – 1.12.	♍	♍	♍	♍	♎	♎	♎	♎	♎	♎	♏	♏	♏	♏	♏	♐	♐	♐	♐	♐	♑	♑
	2.12. – 11.12.	♍	♍	♍	♎	♎	♎	♎	♎	♎	♏	♏	♏	♏	♏	♐	♐	♐	♐	♐	♑	♑	♑
	12.12. – 21.12.	♍	♍	♎	♎	♎	♎	♎	♏	♏	♏	♏	♏	♏	♐	♐	♐	♐	♐	♑	♑	♑	♒
Steinbock ♑	22.12. – 31.12.	♎	♎	♎	♎	♎	♎	♏	♏	♏	♏	♏	♏	♐	♐	♐	♐	♐	♑	♑	♑	♒	♒
	1.1. – 10.1.	♎	♎	♎	♎	♎	♏	♏	♏	♏	♏	♐	♐	♐	♐	♐	♑	♑	♑	♑	♒	♒	♓
	11.1. – 20.1.	♎	♎	♎	♏	♏	♏	♏	♏	♏	♐	♐	♐	♐	♐	♑	♑	♑	♑	♒	♒	♓	♓
Wassermann ♒	21.1. – 30.1.	♎	♎	♏	♏	♏	♏	♏	♏	♐	♐	♐	♐	♐	♑	♑	♑	♒	♒	♒	♓	♓	♈
	31.1. – 9.2.	♎	♏	♏	♏	♏	♏	♐	♐	♐	♐	♐	♑	♑	♑	♑	♒	♒	♓	♓	♈	♈	♉
	10.2. – 19.2.	♏	♏	♏	♏	♏	♐	♐	♐	♐	♐	♑	♑	♑	♑	♒	♒	♓	♓	♈	♈	♉	♉
Fische ♓	20.2. – 29.2.	♏	♏	♏	♏	♐	♐	♐	♐	♐	♑	♑	♑	♑	♒	♒	♓	♓	♈	♈	♉	♉	♊
	1.3. – 10.3.	♏	♏	♏	♐	♐	♐	♐	♐	♑	♑	♑	♒	♒	♒	♓	♈	♈	♉	♉	♉	♊	♊
	11.3. – 20.3.	♏	♐	♐	♐	♐	♐	♑	♑	♑	♑	♒	♒	♓	♓	♈	♈	♉	♉	♊	♊	♊	♊

11.00	11.30	12.00	12.30	13.00	13.30	14.00	14.30	15.00	15.30	16.00	16.30	17.00	17.30	18.00	18.30	19.00	19.30	20.00	20.30	21.00	21.30	22.00	22.30	23.00	23.30	Geburtstag ▼(Dekade)
♋	♋	♋	♋	♌	♌	♌	♌	♌	♍	♍	♍	♍	♍	♍	♎	♎	♎	♎	♎	♏	♏	♏	♏	♏	♏	**Widder** ♈
♋	♋	♌	♌	♌	♌	♌	♌	♍	♍	♍	♍	♍	♎	♎	♎	♎	♎	♏	♏	♏	♏	♏	♏	♐	♐	
♋	♌	♌	♌	♌	♌	♌	♍	♍	♍	♍	♍	♎	♎	♎	♎	♎	♎	♏	♏	♏	♏	♏	♐	♐	♐	
♌	♌	♌	♌	♌	♍	♍	♍	♍	♍	♍	♎	♎	♎	♎	♎	♏	♏	♏	♏	♏	♏	♐	♐	♐	♐	**Stier** ♉
♌	♌	♌	♌	♍	♍	♍	♍	♍	♎	♎	♎	♎	♎	♎	♏	♏	♏	♏	♏	♏	♐	♐	♐	♐	♐	
♌	♌	♍	♍	♍	♍	♍	♍	♎	♎	♎	♎	♎	♎	♏	♏	♏	♏	♏	♐	♐	♐	♐	♐	♑	♑	
♌	♍	♍	♍	♍	♍	♍	♎	♎	♎	♎	♎	♏	♏	♏	♏	♏	♏	♐	♐	♐	♐	♐	♑	♑	♑	**Zwillinge** ♊
♍	♍	♍	♍	♍	♎	♎	♎	♎	♎	♎	♏	♏	♏	♏	♏	♐	♐	♐	♐	♐	♑	♑	♑	♑	♒	
♍	♍	♍	♍	♎	♎	♎	♎	♎	♏	♏	♏	♏	♏	♏	♐	♐	♐	♐	♐	♑	♑	♑	♒	♒	♒	
♍	♍	♎	♎	♎	♎	♎	♎	♏	♏	♏	♏	♏	♏	♐	♐	♐	♐	♐	♑	♑	♑	♒	♒	♓	♓	**Krebs** ♋
♍	♎	♎	♎	♎	♎	♎	♏	♏	♏	♏	♏	♐	♐	♐	♐	♐	♑	♑	♑	♑	♒	♓	♓	♈	♈	
♎	♎	♎	♎	♎	♏	♏	♏	♏	♏	♏	♐	♐	♐	♐	♐	♑	♑	♑	♒	♒	♒	♓	♓	♈	♈	
♎	♎	♎	♎	♏	♏	♏	♏	♏	♐	♐	♐	♐	♐	♑	♑	♑	♑	♒	♒	♓	♓	♈	♈	♉	♉	**Löwe** ♌
♎	♎	♎	♏	♏	♏	♏	♏	♐	♐	♐	♐	♐	♑	♑	♑	♑	♒	♒	♓	♓	♈	♈	♉	♉	♊	
♎	♏	♏	♏	♏	♏	♏	♐	♐	♐	♐	♐	♑	♑	♑	♒	♒	♒	♓	♈	♈	♉	♉	♉	♊	♊	
♏	♏	♏	♏	♏	♐	♐	♐	♐	♐	♑	♑	♑	♑	♒	♒	♓	♓	♈	♈	♉	♉	♊	♊	♊	♊	**Jungfrau** ♍
♏	♏	♏	♏	♐	♐	♐	♐	♐	♑	♑	♑	♑	♒	♒	♓	♓	♈	♈	♉	♉	♊	♊	♊	♊	♋	
♏	♏	♏	♐	♐	♐	♐	♐	♑	♑	♑	♒	♒	♒	♓	♈	♈	♉	♉	♉	♊	♊	♊	♋	♋	♋	
♏	♐	♐	♐	♐	♐	♑	♑	♑	♑	♒	♒	♓	♓	♈	♈	♉	♉	♊	♊	♊	♊	♋	♋	♋	♋	**Waage** ♎
♐	♐	♐	♐	♐	♑	♑	♑	♑	♒	♒	♓	♓	♈	♈	♉	♉	♊	♊	♊	♊	♋	♋	♋	♋	♋	
♐	♐	♐	♐	♑	♑	♑	♒	♒	♒	♓	♈	♈	♉	♉	♉	♊	♊	♊	♋	♋	♋	♋	♋	♌	♌	
♐	♐	♑	♑	♑	♑	♒	♒	♓	♓	♈	♈	♉	♉	♊	♊	♊	♊	♋	♋	♋	♋	♋	♌	♌	♌	**Skorpion** ♏
♐	♑	♑	♑	♑	♒	♒	♓	♓	♈	♈	♉	♉	♊	♊	♊	♊	♋	♋	♋	♋	♋	♌	♌	♌	♌	
♑	♑	♑	♒	♒	♒	♓	♓	♈	♉	♉	♉	♊	♊	♊	♋	♋	♋	♋	♋	♌	♌	♌	♌	♌	♌	
♑	♑	♒	♒	♓	♓	♈	♈	♉	♉	♊	♊	♊	♊	♋	♋	♋	♋	♋	♌	♌	♌	♌	♌	♌	♍	**Schütze** ♐
♑	♒	♒	♓	♓	♈	♈	♉	♉	♊	♊	♊	♊	♋	♋	♋	♋	♋	♌	♌	♌	♌	♌	♍	♍	♍	
♒	♒	♓	♓	♈	♈	♉	♉	♊	♊	♊	♊	♋	♋	♋	♋	♋	♌	♌	♌	♌	♌	♍	♍	♍	♍	
♒	♓	♈	♈	♉	♉	♉	♊	♊	♊	♋	♋	♋	♋	♋	♌	♌	♌	♌	♌	♌	♍	♍	♍	♍	♍	**Steinbock** ♑
♓	♈	♈	♉	♉	♊	♊	♊	♊	♋	♋	♋	♋	♋	♌	♌	♌	♌	♌	♍	♍	♍	♍	♍	♍	♎	
♈	♈	♉	♉	♊	♊	♊	♊	♋	♋	♋	♋	♋	♌	♌	♌	♌	♌	♍	♍	♍	♍	♍	♍	♎	♎	
♉	♉	♉	♊	♊	♊	♋	♋	♋	♋	♋	♌	♌	♌	♌	♌	♌	♍	♍	♍	♍	♍	♍	♎	♎	♎	**Wassermann** ♒
♉	♊	♊	♊	♊	♋	♋	♋	♋	♋	♌	♌	♌	♌	♌	♌	♍	♍	♍	♍	♍	♎	♎	♎	♎	♎	
♊	♊	♊	♊	♋	♋	♋	♋	♋	♌	♌	♌	♌	♌	♍	♍	♍	♍	♍	♍	♎	♎	♎	♎	♎	♎	
♊	♊	♊	♋	♋	♋	♋	♋	♌	♌	♌	♌	♌	♍	♍	♍	♍	♍	♍	♎	♎	♎	♎	♎	♏	♏	**Fische** ♓
♊	♋	♋	♋	♋	♋	♌	♌	♌	♌	♌	♌	♍	♍	♍	♍	♍	♎	♎	♎	♎	♎	♎	♏	♏	♏	
♋	♋	♋	♋	♋	♌	♌	♌	♌	♌	♌	♍	♍	♍	♍	♍	♎	♎	♎	♎	♎	♎	♏	♏	♏	♏	

Der Zyklus der sieben Jahre

Alle sieben Jahre bekommt unser Leben eine andere Färbung, ein anderes Lebensthema wird angesprochen. Um unsere momentane Lebensphase feststellen und die Möglichkeiten der augenblicklich vorherrschenden Zeitqualität ausschöpfen zu können, ist es wichtig, die astrologische Konstellation zu analysieren. Da ist der Aszendent – das Tierkreiszeichen, das sich zur Stunde unserer Geburt über dem östlichen Horizont erhebt.
Da sind die Häuser, gebildet aus den zwölf Tierkreiszeichen. Jedes Haus steht für einen bestimmten Bereich unseres Lebens, der sowohl der realen als auch der inneren Welt entspricht.
Da sind die Häuserspitzen, die, unabhängig von der Größe eines Hauses, den Zeitraum von sieben Jahren bestimmen.
Da sind die Quadranten, die Einteilung der Häuser in die vier großen Bereiche unseres Daseins.
Da ist schließlich die Sonne, das Zentrum unseres Sonnensystems, dem der Mond und die Planeten zu- und untergeordnet sind. Zusammen mit dem Aszendenten und der Anordnung der Häuser bestimmt sie die Grundstruktur unserer Persönlichkeit.

Der Aszendent

Der Aszendent zeigt uns, auf welche Art und Weise wir – unabhängig von Gefühl und Verstand – instinktiv auf unsere Umwelt zugehen.

Der Aszendent (ascendere = aufsteigen) ist das Zeichen, das im Augenblick unserer Geburt am Himmel aufsteigt.
Zunächst müssen Sie Ihren Aszendenten rein rechnerisch kennen, denn von diesem Anfangspunkt Ihres Horoskops wird die Siebenjahresqualität errechnet.
Im Uhrzeigersinn zählen Sie die Anfänge der eingezeichneten Häuser (man nennt sie Häuserspitzen). Jedes Haus stellt einen Zeitraum von sieben Jahren dar. D.h., dass der Aszendent die Stunde der Geburt ist. An der Spitze des 12. Hauses sind 7 Jahre vergangen, an der Spitze des 11. Hauses 14 Jahre, an der Spitze des 10. Hauses 21 Jahre usw.
Weiterhin sollten Sie aus ganz persönlichen Gründen über Ihren Aszendenten Bescheid wissen: Er zeigt uns, auf welche Art und Weise wir mit unserem Instinkt auf die Welt reagieren. Er ist unsere Grundanlage, er repräsentiert unsere angeborenen Triebe und Reflexe jenseits von Gefühl und Intellekt.

Ein Beispiel möge Ihnen verdeutlichen, was damit gemeint ist. Stellen Sie sich vor, alle Aszendenten stünden vor einer Mauer, die nicht zu umgehen ist:
Während der Widder umgehend mit dem Kopf voran durch sie hindurchgeht, brütet der Stier eine Weile vor sich hin, ehe er entscheidet, auf dieser Seite zu bleiben. Der Zwilling

übt sich im Stabhochsprung, der Krebs bricht Steinchen für Steinchen aus der Mauer, bis er durchschlüpfen kann, und der Löwe engagiert sofort ein Räumungskommando der Spitzenklasse. Allerdings schlägt er mit Getöse das erste Loch selbst in die Wand. Die Jungfrau fertigt erst einmal einen Übersteigungsplan mit vier Durchschlägen an, die Waage sucht sich jemanden, der sie auf Händen über die Mauer trägt, und der Skorpion versucht wütend mit seinen Augen Löcher in die Mauer zu brennen, bis sie in sich zusammenfällt. Der Schütze wiederum philosophiert mit den Göttern über die Vielfalt der Möglichkeiten, der Steinbock fragt am Landratsamt nach, ob man denn nicht gesetzlich eine Handhabe gegen diese Mauer hätte. Der Wassermann mietet einfach ein Flugzeug, und der Fisch sitzt leise weinend vor der Mauer, bis der Prinz kommt, der die Mauer wegküsst – oder so ähnlich.

Die Kenntnis der Grundanlage eines Menschen ist wichtig, um die Kluft zwischen der eigenen und der Wahrnehmung eines anderen Menschen zu überbrücken.

Der Aszendent ist also die Art, wie jemand ohne nachzudenken instinktiv an eine Sache herangeht. Er ist zunächst etwas ganz und gar Unbewusstes für uns. D.h., es ist uns oft gar nicht klar, wie wir eigentlich der Welt und unseren Mitmenschen gegenübertreten. Jeder will der Welt ein bestimmtes Gesicht zeigen. Ob andere ihn dann so wahrnehmen, wie er gesehen werden will, ist eine andere Sache. So mancher wäre möglicherweise erstaunt, wie groß die Kluft zwischen der eigenen und der Wahrnehmung anderer Menschen ist.

Die Ausbildung der Anlage

Je weniger jemand seine Grundanlage, seinen Aszendenten kennt, desto öfter spielen ihm wahrscheinlich Reaktionen einen Streich, die in seiner Vorstellung gar nicht zu ihm passen. Im Lauf des Lebens beginnen wir zu begreifen, wie wichtig es ist, seine Anlagen zu kennen und auch die Anlagen anderer Menschen, die von den eigenen so verschieden sein können.

Kommen wir zur Verdeutlichung noch einmal auf unser Beispiel mit der Wand zurück:
Ein Löwe-Aszendent wird möglicherweise nie verstehen, dass jemand vor einer Mauer sitzen und weinen kann, aber er wird vielleicht nicht mehr den Kopf schütteln. Er muss es nicht verstehen, aber er kann es besser akzeptieren und besser damit umgehen, wenn er weiß, dass andere Menschen die Welt durch eine andere »Aszendentenbrille« sehen. Was für den einen eine Herausforderung bedeutet, scheint für den anderen ein unüberwindbares Hindernis zu sein, das ihn verzweifeln lässt.
Ein Waage-Aszendent sollte in seine Handlungen stets einkalkulieren, dass nicht jeder Mensch für ein charmantes Lächeln freiwillig seine – wie auch immer geartete – Last über alle Hindernisse zu tragen bereit ist.

Die Grundanlage allein reicht nicht aus

Unser Sternzeichen bestimmt Lebensgebiete, damit unsere Grundanlage verwirklicht werden kann.

An dem Beispiel des Waage-Aszendenten wird klar, dass man mit der Grundanlage allein nichts anfangen kann. Damit unsere Anlage verwirklicht, d.h. in eine Handlung, eine Tat umgesetzt werden kann, brauchen wir Projekte und Lebensgebiete, die wir durch unsere Sonne (Sternzeichen) bestimmen. Das »Wie« und »Wo« unserer Handlungen wird durch die Sonne im wahrsten Sinne des Wortes ans Licht gebracht. Auf welche Weise Aszendent und Sonne miteinander verknüpft sind, können Sie ausführlich im Kapitel »Die Sonne« ab Seite 56 nachlesen.
Im folgenden Kapitel haben wir eine umfassende Typologisierung aller zwölf Aszendentenzeichen vorgenommen. Man kann natürlich nicht alle Entsprechungen erfassen; auch mögen wesentliche andere Einflüsse wie Planetenstellungen das Bild nicht so eindeutig wiedergeben, wie wir es beschrieben haben, aber der Grundtypus der einzelnen Aszendentenzeichen ist aus der getroffenen Auswahl gut zu erkennen.

Disput zwischen einem Theologen und einem Astrologen über die Himmelssphären.

Die Typologisierung der Aszendenten

Widder-Aszendent

Der Widder-Aszendent stimmt – im Unterschied zu allen anderen Aszendenten – mit dem sogenannten natürlichen Tierkreis überein. D.h., dass er nicht die Anlage eines Sternzeichens für ein anderes Lebensgebiet verwendet, sondern dass sich bei ihm die Kräfte sehr unmittelbar auswirken. Damit hängt auch die direkte Antriebskraft dieses Aszendenten zusammen.

Die Begeisterungsfähigkeit und Handlungsbereitschaft des Widder-Aszendenten ist auch in seinem lebhaften Blick zu erkennen.

Gestalt: Widder-Aszendenten haben – wenn keine anderen markanten Einflüsse vorhanden sind – meist eine athletische Konstitution mit Betonung der Muskeln. Sie sind im Allgemeinen an ihrer relativ niedrigen, nicht sehr steilen Stirn und an ihrem lebhaft-forschen, manchmal sogar etwas harten Blick gut zu erkennen.

Energie: Wenn jemand in die Hände klatscht und dabei gutmütig-energisch »trompetet«: »Es kann losgehen!«, dann ist das wahrscheinlich ein Widder-Aszendent. Für die einen ist es ein etwas lautes Verhalten, ein Widder-Aszendent würde dies aber mit Temperament übersetzen. In der Tat ist er meist recht munter, begeistert sich für große Ziele und Pläne, handelt schnell und aus vollem Herzen. Da ihm langwierige Ausführungen den Spaß an der Sache nehmen, schart er rechtzeitig ein paar Helfer um sich, die diese langweiligen Arbeiten für ihn übernehmen und die man unter Umständen als Krönung wunderbar beherrschen kann. Ein Widder-Aszendent bezieht sein ganzes Selbstbewusstsein aus seiner

Energie. Wenn Angst ihm die Energie nimmt, dann hat er viel mehr Angst als andere, denen das energiegeladene Handeln nicht so wichtig ist.

Fähigkeiten: Wenn ein Widder-Aszendent eine Niederlage einstecken muss, stellt er seine Stehaufmännchen-Qualitäten unter Beweis. Er ist ein Draufgänger, der allerdings nicht nur gegen sich selbst ziemlich rücksichtslos sein kann. Für ihn gibt es oft nur die Devise Entweder – Oder, Sieg oder Zerstörung. Seine Begeisterungsfähigkeit ist ebenfalls absolut mitreißend. Fehlen allerdings die konkreten Ziele, schlägt diese sehr schöne Eigenschaft um in pfauenhaftes Imponiergehabe und ungehobeltes Benehmen den Mitmenschen gegenüber.

Widder-Aszendenten sollten immer konkrete Ziele vor Augen haben, sonst endet ihre mitreißende Energie in Wut und schlechtem Benehmen.

Benehmen: Die mildeste Reaktion, die ein Widder-Aszendent zeigt, wenn er aus irgendwelchen Gründen keine freie Bahn hat, ist ein heftiger Wutausbruch. Plant er etwas, tut man gut daran, ihm nicht im Weg zu stehen. Es sei denn, man will unbedingt das Gefühl kennen lernen, von einer Dampflokomotive überfahren worden zu sein. Rundherum wächst dann kein Gras mehr.

Beziehung: Widder-Aszendenten haben häufig sehr dominante Väter. Manchmal führt das dazu, dass sie den Vater unbewusst zu bestrafen versuchen, indem sie ihre Energie unterdrücken und lieber scheitern. Frauen mit Widder-Aszendent haben unter diesen Umständen oft eine große Wut auf Männer, weil sie sich noch immer unbewusst vor dem Vater fürchten und ihn bekämpfen.

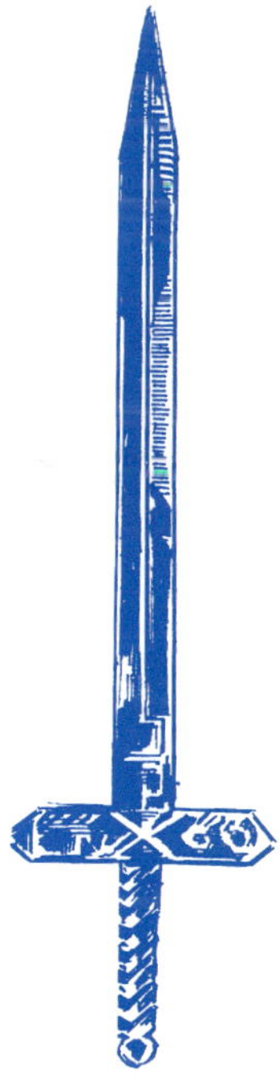

Familie: Der Widder-Aszendent hat eine starke Bindung zur Familie. Er sucht eigentlich in der Beziehung seinen Ruhepol, kann ihn aber aufgrund seiner Veranlagung nicht genießen. Daher braucht er einen nervenstarken Partner mit einer gewissen stoischen Ruhe.

Zuverlässigkeit: Die Zuverlässigkeit, ein Thema, das wahrscheinlich nicht von Anfang an seine Stärke war, gewinnt im Laufe des Lebens immer mehr an Bedeutung.

Stier-Aszendent

Gestalt: Ein Stier-Aszendent beschenkt die Welt mit seinem warmen Blick aus großen, runden Augen, den viel zitierten Kuhaugen. Er ist meist von schwerer, etwas untersetzter Gestalt, oft mit dem sprichwörtlichen Stiernacken und runden Schultern.

Das setzt natürlich voraus, dass keine anderen Einflüsse überwiegen. Hat jemand beispielsweise den Saturn im ersten Haus stehen, kann er trotz dieses Aszendenten etwas streng und hager wirken.

Wesen: Sein Wesen hat etwas Schwermütiges, Melancholisches. Er ist eigentlich ein ruhiger, durchaus friedlicher Zeitgenosse, wenn da nicht seine Neigung zum plötzlichen Jähzorn wäre.

Der Stier-Aszendent hat eine konservative Grundhaltung und orientiert sich an materiellem Besitz.

Seine seelische Sicherheit bezieht er meistens aus Geld und Besitz und stellt sich durch diesen Besitz auch dar. Er ist ein sinnlicher Gourmet in vielerlei Hinsicht, genießt aber manchmal ein bisschen zu viel des Guten.

Seine Gesinnung ist grundsätzlich konservativ. Je mehr jemand Bildung, Tradition und Kultiviertheit vorweisen kann, desto größer sind die Chancen, von einem Stier-Aszendenten anerkannt zu werden.

Betritt er das gesellschaftliche Parkett, hält sich ein Stier-Aszendent schon für etwas Besonderes. Dass er zu seiner Einmaligkeit, die er gern verkörpern möchte, erst finden muss, ist ihm nicht immer klar. Manchmal ist er einfach nur ein kleiner Besserwisser, denn die Tendenz zur Intellektualisierung ist durchaus vorhanden.

Fähigkeiten: Er arbeitet sehr gerne und hat meistens eine künstlerische Veranlagung. Wenn er aber nicht kreativ sein kann, passt er sich möglicherweise zu sehr an. Er verwirklicht sich oft über Familie und Heim. Frauen mit Stier-Aszendent schlüpfen übrigens gerne in die männliche Rolle, stellen sich aber sehr weiblich dar.

Ein Stier-Aszendent kann die Dinge in Ruhe reifen lassen und liebt das Vertraute und Beständige. Allerdings hält er auch wider besseres Wissen manchmal mit aufreizender Trägheit an Gewohntem und Altem fest und wehrt sich trotzig und stur gegen alles Neue.

Beziehung: Am besten sucht er sich einen Partner, der etwas Schwung in sein behäbiges Leben bringt. Einem Stier-Aszendenten klarzumachen, dass man der oder die Richtige ist, obwohl man nicht seinen Vorstellungen entspricht, ist fast unmöglich. Hat er aber den Traumpartner gefunden, kann es sein, dass er sich für diesen Menschen nahezu opfert, denn er sieht den Sinn des Lebens oftmals in der harmonischen Partnerschaft. Dass er seine Gefühle gewürdigt wissen will, versteht sich von selbst.

Ein lebendiger Partner ist für einen Stier-Aszendenten eine Bereicherung seines eher behäbigen Lebens.

Ein anderer Aspekt dieses Aszendenten hält allerdings immer wieder danach Ausschau, wen er dominieren kann. Machtkämpfe in der Beziehung sind dann keine Seltenheit.

Seinen Freunden gegenüber ist ein Stier-Aszendent immer ein wenig misstrauisch, und er wird früher oder später in seiner Haltung bestätigt.

Charakter: Manchmal hat er Angst, sich nicht durchsetzen zu können, weil er in seinem tiefsten Inneren weiß, dass er zwar stur, aber nicht immer wirklich tatkräftig ist. Jedoch nimmt er auf seine Art und Weise nichts wirklich schwer.

Zwillinge-Aszendent

Gestalt: Einen Zwillinge-Aszendenten erkennt man äußerlich, wenn nicht andere einflussreiche Aspekte eine Rolle spielen, an seinem geschmeidigen, beweglichen Körper, seiner oft schlacksigen Figur, die selten den Ansatz von Übergewicht zeigt. Er hat ein schmales Gesicht – oft mit betonter Stirn – und schmale Hände, die ständig in Bewegung sind. Die Hände sind sozusagen unentbehrliche Sprechwerkzeuge. Seine Stimmungen sind sehr deutlich am Gesicht abzulesen.

Selbstdarstellung: Seine Selbstdarstellung, die er aus tiefstem Herzen genießt, ist lebendig, flink, beweglich, mit einem Anflug von Warmherzigkeit, immer ein wenig Glanz und Glamour verbreitend. Allein der Gedanke, dass seine geistige und körperliche Beweglichkeit eingeschränkt werden könnte, flößt ihm Angst ein.

Dem Zwillinge-Aszendenten bereitet es nicht nur viel Freude, sich selbst darzustellen. Er hat auch Verständnis dafür, wenn andere Menschen dies tun. Alle seine Fähigkeiten sind für ihn nur interessant, wenn er sie in der Begegnung einsetzen kann.

Zwillinge-Aszendenten lieben das Gespräch und die Selbstdarstellung. Ihre gute Auffassungsgabe und geistige Beweglichkeit ermöglicht es ihnen, in der Öffentlichkeit eine gute Rolle zu spielen.

Fähigkeiten: Die Fähigkeit, sich mitzuteilen und zu kommunizieren, ist dem Zwillinge-Aszendenten gegeben. Er legt beim Sprechen oft ein Tempo vor, als gälte es einen Wettbewerb zu gewinnen. Die schnelle Konversation, in der man sich die Bälle zuwirft, ist eine seiner bemerkenswertesten Eigenschaften. Er ist Schnelldenker, geistig äußerst beweglich und meist sehr intelligent.

Er schätzt offene, weit gereiste Menschen und bevorzugt eine liberale Lebensart. Allerdings lässt er keinen Zweifel daran aufkommen, dass er seine Meinung für maßstäblich hält.

Der Zwillinge-Aszendent ist der geborene Imitator, weil er sehr viele Meinungen in sich vereinen kann und eine gute Auffassungsgabe besitzt. Er sieht nicht nur das Äußerliche an einem Menschen, sondern versteht dessen Inneres. Es liegt auf der Hand, dass das manchmal Abgrenzungsprobleme mit sich bringen kann.

Ein solcher Mensch könnte in der Welt der Medien eine große Rolle spielen. Allerdings wählt er nicht immer die Bühne für sein Spiel, sondern versteckt sich hinter seiner Arbeit und wird typischerweise ein guter Journalist mit einer detektivischen Neigung, der üble Machenschaften aufdecken kann. Die Neugier eines Zwillinge-Aszendenten ist nämlich sprichwörtlich und nicht immer so oberflächlich, wie man vermuten könnte. Dieser Eindruck kann dadurch entstehen, dass er sich nicht gern auf eine einzige Sache festlegt, denn damit blieben alle anderen Wunder dieser Erde für ihn verschlossen.

Es kann allerdings auch sein, dass der Eindruck nicht trügt und ein Zwillinge-Aszendent zwar zahlreiche, aber nicht sehr tief gehende Begegnungen pflegt. Manchmal gibt er sich auch gebildeter, als er in Wirklichkeit ist. Er besitzt dann viel oberflächliches Wissen und flunkert manchmal, um die gewünschte Anerkennung zu bekommen. Deshalb muss man ihm hin und wieder Doppelzüngigkeit vorwerfen.

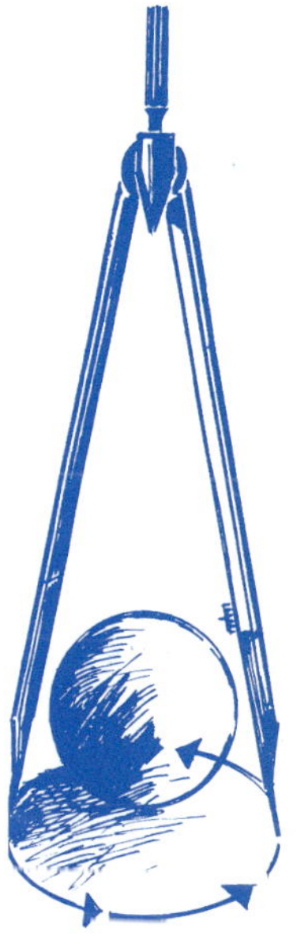

Beruf: Schon als Kind wusste er wahrscheinlich nicht, was er eigentlich werden will und hat mehrere Möglichkeiten ausprobiert. Seine Fähigkeit, die Verbindung von Zweckmäßigkeit und Schönheit herzustellen, könnte sich beispielsweise auch im Beruf des Designers niederschlagen. Grundsätzlich ist die Arbeit sein seelischer Nährboden. Irgendwann findet er eine Tätigkeit, die seiner Neigung entspricht, denn Arbeit, die ihm nicht liegt, kann er auf Dauer nicht verrichten.

Obwohl er die Verpflichtung fühlt, sich anzupassen, entzieht er sich letzten Endes diesem Bestreben. Er neigt zum Herrschaftsmenschen, der lieber dienen lässt als selbst dient.

Trotz allen intellektuellen Vermögens sollten Zwillinge-Aszendenten auf ihren Körper und ihre Seele achten, die genauso sorgsamer Pflege bedürfen wie der Verstand.

Bewusstsein: Vor lauter »Kopf« vergisst ein Zwillinge-Aszendent manchmal, dass er auch einen Körper besitzt und pfleglich damit umgehen sollte. Zuweilen entgeht ihm auch, dass es eine Seele gibt, in die man wenigstens ab und zu hineinschauen sollte, um herauszufinden, wie es einem geht.

Beziehung: Ein Mensch mit Zwillinge-Aszendent hat ein wenig Angst vor Sinnlichkeit. Mit Gefühlen geht er nüchtern, analytisch und kritisch um. Er wird in der Partnerschaft innerlich unabhängig bleiben. Geht er jedoch eine feste Bindung ein, bleibt er fast zwanghaft treu.

Dieser ewige Wanderer sucht und findet, sucht wieder und findet wieder und verliert sich manchmal darin – ohne Ziel und ohne Struktur. Manchmal weiß er auch nicht so recht, woran er glauben soll.

Krebs-Aszendent

Gestalt: Wenn der Krebs-Aszendent keine markanten Aspekte aufweist, sind seine äußeren Merkmale meist ein rundes, offenes Gesicht (Mondgesicht) und ein nicht besonders muskulöser, sondern eher weicher und rundlicher Körper, wobei die Rundlichkeit sich von der Taille abwärts stärker bemerkbar macht. Im reiferen Alter wird meist die Mundpartie etwas schlaff.

Wesen: Beim Krebs-Aszendenten ist die Fähigkeit zu besonderem seelischem Erleben angelegt, sein Wesen sucht die Begegnung, er empfindet wie kein anderer die Liebe zum Du. Sein Ziel ist es, seelische Geborgenheit zu finden. Er ist sehr einfühlsam, aber sehr stark von Stimmungsschwankungen abhängig. Streit ist ihm aus tiefstem Herzen grundsätzlich zuwider. Dennoch ist ihm bewusst, dass sein seelisches Gleichgewicht in Gefahr gerät, wenn er sich die Dinge, die für ihn wichtig sind, nicht erstreitet.

Ein Krebs-Aszendent will eigentlich das Leben in vollen Zügen genießen. Da er aber sehr gerne bemuttert oder versorgt – das gilt für Männer und Frauen in gleichem Maße –, setzt er sich manchmal selbst unter Druck und kommt letzten Endes nicht zum Genießen.

Krebs-Aszendenten fehlt es an Eindeutigkeit. Sie suchen nach Geborgenheit oder der erlösenden Religion, entwickeln in ihrem Handeln jedoch oftmals keine Klarheit.

Krebs-Aszendenten sind nicht sehr eindeutig. Weder ihr Wesen noch ihre Aussagen sind leicht einzuordnen: Sie reden oft um den heißen Brei, gebrauchen viele Worte, um etwas auszudrücken, das auch einfach zu sagen wäre. Sie werden oft als unlogisch empfunden und leiden dann ihrerseits an der Verständnislosigkeit der Welt, denn ihr tiefer Wunsch ist es, verstanden zu werden. Das ist auch der Grund, warum Menschen dieses Aszendenten oft auf der Suche nach der erlösenden Religion sind und unter Umständen bei irgendwelchen merkwürdigen Heiligen landen, die sie dann als »Guru« verehren. Sie vergessen dabei, dass sie im Grunde selbst sehr viel Weisheit entwickeln können.

Die fehlende Klarheit äußert sich auch insofern, als Krebs-Aszendenten oft nicht wissen, ob sie nun unabhängig sein wollen oder nicht. Da Sexualität für diesen Aszendenten einen sehr großen Stellenwert besitzt, wird für ihn die Entscheidung noch schwerer.
Es kann sein, dass ein Krebs-Aszendent der Meinung ist, Egoismus sei verboten, und er sich deshalb extrem selbstlos gibt. Genauso stark strebt er unverblümt nach Macht und Anerkennung – der Einzelkämpfer oder die Amazone mit viel Ehrgeiz, die keine Schwäche zulassen, immer nach dem Motto handelnd: einer gegen alle. In diesem Zusammenhang muss man wissen, dass beides einem gewissen Minderwertigkeitskomplex entspringt.
Glücklicherweise stellt sich der Krebs-Aszendent irgendwann die Frage nach dem Lebenssinn. Hat er diesen letztlich erkannt, entwickelt er sehr viel Verständnis: für den anderen, für die Arbeit, für sich selbst. Manchmal zieht es solche Aszendenten auch ins Ausland, vorzugsweise, um beruflich zu neuen Ufern aufzubrechen.

Haben Krebs-Aszendenten ihren Lebenssinn gefunden, empfinden sie sehr viel Verständnis: für ihre Mitmenschen, für die Arbeit und nicht zuletzt für sich selbst.

Fähigkeiten: Krebs-Aszendenten sind die geborenen Manager; traditionellerweise wird diese Fähigkeit leider vielfach nur von Männern wahrgenommen. Eine Frau mit diesem Aszendenten begibt sich – ebenfalls traditionsgemäß – allzu oft zu sehr in die Abhängigkeit, zeigt sich vernünftig und angepasst, entwickelt jedoch mit der Zeit eine große Abneigung gegen diese Rolle. Sie wird immer wieder mit der Frage konfrontiert, ob Männer wertvoller sind als Frauen. Eigentlich liegt es ihr sehr viel mehr, selbstständig und selbstverantwortlich durch das Leben zu gehen und sich aus ihrer traditionellen Rolle völlig zu lösen. Ihrer Kreativität nachzugeben und nachzugehen, ist die beste Möglichkeit für empfindsame Krebs-Aszendenten, ihre seelische Stabilität zu finden. Krebs-Aszendenten sind oftmals außerordentlich musikalische Menschen, die weit mehr können, als ergriffen schöner Musik zu lauschen.

Krebs-Aszendenten sollten Gefühlstyrannei, Selbstmitleid und Melancholie nicht gegen ihre Partner benutzen, sondern im Idealfall eine gleichberechtigte Verbindung eingehen.

Beziehungen: Die Art des Krebs-Aszendenten, mit Begegnungen umzugehen, ist nicht für jedermann leicht auszugleichen. Er übernimmt manchmal entweder zu viel von seinem Partner oder vergreift sich an dessen Identität. Idealerweise sollten dauerhafte Beziehungen für ihn sehr gleichberechtigt sein. Dabei können allerdings Schwierigkeiten auftreten, denn unter diesem Aszendenten findet man gerne das sprichwörtliche Muttersöhnchen (oder Muttertöchterchen, auch das gibt es!), das ein Leben lang furchtsam auf die Hilfe von anderen Menschen wartet, am liebsten natürlich vom Partner. Als Druckmittel kann er Gefühlstyrannei, Selbstmitleid und Melancholie einsetzen.

Charakter: Andererseits gibt es Krebs-Aszendenten, vor allem männliche, die auf ihre Umwelt sehr distanziert und kühl wirken. Sie haben ihre Schüchternheit, ihr romantisches, träumerisches Wesen versteckt und sich in ihre Schale zurückgezogen, um Angriffe und Verletzungen möglichst unbeschadet zu überstehen.

Im tiefsten Inneren ist ein Krebs-Aszendent jedoch an Stärke manch anderem Aszendenten überlegen. In der Maske der kindlichen Unschuld und Naivität – die nicht einmal gespielt ist – nähert er sich den Dingen offen und ohne irgendwelche Hintergedanken, ist aber unglaublich zäh und instinktsicher, wenn er einmal etwas ins Auge bzw. zwischen seine Scheren gefasst hat.

Löwe-Aszendent

Gestalt: Rein äußerlich kann man einen Löwe-Aszendenten, wenn keine anderen gravierenden Einflüsse dazukommen, an seiner sprichwörtlichen Löwenmähne und der kräftigen, aber elastischen Gestalt mit breiten Schultern erkennen. Frauen sind oft üppige Schönheiten. Bei Männern ist die Augenbrauenpartie gern etwas erhoben, oder die Brauen werden in späteren Jahren buschig.

Fähigkeiten: Löwe-Aszendenten gehen meist sehr interessiert auf andere Menschen zu, haben viele Kontakte und pflegen diese auch, reden und diskutieren gern. Ob sie wirklich so liebenswürdig und verständnisvoll sind, wie sie sich geben, hängt sehr davon ob, wie weit ihre Gefühle daran beteiligt sind. Das allerdings weiß mancher Löwe-Aszendent sehr oft selbst nicht so genau und muss es erst herausfinden. Diese Mühe macht er sich im Allgemeinen aber nur dann, wenn er vom Schicksal dazu gedrängt wird.

Der Löwe-Aszendent ist meist ein »Macher«, der sein Leben tatkräftig und mit Verstand angeht, der nicht in den Tag hineinträumt, sondern für den alles einen Sinn ergeben muss. Meist verfügen diese Menschen über einen scharfen Verstand und sind hervorragende Organisatoren. Es kann aber sein, dass er des Guten zu viel tut und sich damit sein Leben im wahrsten Sinn des Wortes verplant. Dann kann er sich nicht mehr frei bewegen, wie es sein Naturell eigentlich fordert, sondern ist (an-)gebunden. Seine Lebendigkeit wird erstickt, seine Gefühle werden zurückgedrängt, und seine Handlungsweise kommt nicht mehr aus dem Herzen. Er ist deshalb nicht wirklich tolerant, herzlich und optimistisch, sondern fühlt sich verpflichtet, es zu sein. Dadurch wirkt sein Verhalten etwas »kopfig«. Für einen Löwe-Aszendenten ist es ganz wichtig zu lernen, den eigenen Gefühlen zu trauen, um in seiner Entwicklung voranzukommen.

Eine Löwe-Aszendent fühlt sich meist mächtig und zu Besonderem berufen. Setzt er diese Macht konstruktiv ein, ist er ein tatkräftiger Organisator mit scharfem Verstand.

Dass ein Löwe-Aszendent eine Sensibilität besitzen kann, die beinahe an Hellsichtigkeit heranreicht, steht auf einem anderen Blatt. Er verwendet sie häufig dazu, Menschen und Situationen wunderbar einzuschätzen, nicht aber dafür, seine eigenen Seelen- und Gefühlstiefen auszuloten.

Macht: Ein Löwe-Aszendent fühlt sich meist mächtig und zu etwas Besonderem berufen. Kann er diese Macht nicht auf eine konstruktive Art und Weise ausleben, wird er unter Umständen zum Familienpatriarchen. Oder er schart ein paar hilflose Menschen um sich, die er unterstützen kann.

Aufgrund der Führungsposition, die Löwe-Aszendenten für sich selbst beanspruchen, verwundert es nicht, dass Frauen dieses Aszendenten zu den selbstständigsten des gesamten Tierkreises zählen.

Beruf: Er ist imstande, sehr hart zu arbeiten, jede Menge Leistung zu bringen, will aber seine Belohnung dafür, denn er ist kein selbstloses Naturell. Als Arbeitgeber verlangt er von seinen Mitarbeitern dieselbe Leistung, die er erbringt.

Besitz und Reichtum: Besitz und Reichtum sind ihm wichtig, aber nicht unbedingt, weil er sich damit absichern will, sondern um gesellschaftliche Anerkennung zu erfahren. Wenn ein Löwe-Aszendent einmal herausgefunden hat, dass man das Leben auch genießen darf, dass es ein schönes Spiel sein kann, dann verliert sich seine Unerbittlichkeit.

Wesen: Von der Wesensart her ist er eigentlich herzlich, lebendig und optimistisch, wenngleich natürlich keine Diskussion darüber zu führen ist, wer den Ton angibt. Sollte jemand sich gegen einen Löwe-Aszendenten stellen, findet derjenige die Angelegenheit nur solange amüsant, als er meint, der Überlegenere zu sein, wie es eben bei echten »Platzhirschen« der Fall ist.

Selbstverwirklichung: Im Grunde ist ein Löwe-Aszendent der geborene Entertainer. Er stellt sich im Allgemeinen gerne dar und liebt applaudierendes Publikum, dem er sich sehr originell und auch in ästhetischer Form darbieten kann. Außerdem kommt das seiner Neigung entgegen, immer wieder neue Beziehungen zu knüpfen und in engeren Beziehungen eine gewisse Distanz zu pflegen.

Beziehungen: Der Löwe-Aszendent hat oft Angst vor (seelischen) Verbindlichkeiten und dem Verlassenwerden. Deshalb legen Männer mit Löwe-Aszendent, die um diese Ängste nicht wissen, manchmal eine gewisse frauenfeindliche Einstellung an den Tag. Um es vielleicht nicht ganz so scharf zu formulieren: Löwe-Aszendenten, die viel von Gleichberechtigung halten, sind eher selten.

Frauen mit Löwe-Aszendent, die übrigens zu den selbstständigsten Frauen des ganzen Tierkreises gehören, wären oftmals gerne ein Mann, weil sie der festen Überzeugung sind, dass Männer es leichter haben.

Jungfrau-Aszendent

Gestalt: Jungfrau-Aszendenten haben – wenn nicht eine andere Konstellation stärker ist – im Allgemeinen einen gut proportionierten, schlanken, fast drahtigen Körper und sind von eher unauffälliger Gestalt. Ihr Gesicht ist meist oval und gut geformt, mit einer nicht besonders ausgeprägten Kinnpartie. Männer haben oft eine Neigung zu Geheimratsecken, was sie sehr unglücklich machen könnte, da ein Jungfrau-Aszendent äußerliche Schönheit als etwas sehr Wertvolles und Bewundernswertes empfindet.

Fähigkeiten: Wenn ein Jungfrau-Aszendent bestimmte Lebensumstände vorfindet, wird er nicht versuchen, die Umstände zu ändern, sondern sich selbst. D.h., er wird sich anpassen. Der Jungfrau-Aszendent besitzt die Fähigkeit, sich sehr flexibel auf Veränderungen einzustellen und das Beste aus dem Gegebenen zu machen.

Jungfrau-Aszendenten sind in der Lage, schnell zu analysieren und Ereignisse rasch zu verarbeiten. Sie reagieren auf Veränderungen sehr flexibel.

Mit der ihm reichlich zur Verfügung stehenden Vernunft schaut er der Realität ins Auge, immer exakt beobachtend, kritisch, umsichtig und mit gebotener Vorsicht, weil er Überraschungen nicht liebt.

Menschen mit diesem Aszendenten fragen oft nach Nutzen und Verwertbarkeit. Das bedeutet, dass sie meist sehr schnell erkennen können, ob ihnen eine Sache oder jemand etwas bringt oder nicht. Das hängt mit ihrer Fähigkeit zur schnellen Analyse und zum Verarbeiten zusammen. Blitzschnell trennt der Jungfrau-Aszendent »brauchbar« von »unbrauchbar« und kann dadurch aus vielen Dingen einen Nutzen ziehen, den ein anderer auf den ersten Blick gar nicht erkennt. Die Kehrseite ist, dass sie sich immer wieder be- oder ausnutzen lassen. Und da ein Jungfrau-Aszendent nicht unbedingt zum »Chef« geboren ist, weil sein Vaterbild etwas schwächer angelegt ist als bei den meisten anderen Aszendenten, dient er dann anderen und nicht sich selbst, was eigentlich seine Aufgabe wäre.

Wesen: Ein Jungfrau-Aszendent ist der Ansicht, aus reiner Nächstenliebe immer helfen zu müssen. Sein Wesen funktioniert nach dem Motto: Edel sei der Mensch, hilfreich und gut. Wenn er aber ganz tief in sein Inneres schaut, kann er erkennen, dass er hilft, weil er selbst oft so hilflos ist.
Ein Jungfrau-Aszendent hält sich im Hintergrund. Aber nicht, weil er sich im Rampenlicht nicht wohl fühlt, sondern weil er denkt, ein anderer, dem er sich einfach nicht gewachsen fühlt, könnte stärker sein. Er misst sich nicht gern mit anderen, denn er weiß, dass er im Ernstfall kein guter Verlierer wäre.

Jungfrau-Aszendenten drängen sich nicht in den Vordergrund. Lieber arbeiten sie an der Seite Gleichberechtigter und dienen dem Nächsten vorbehaltlos.

Beruf: Grundsätzlich ist ein Jungfrau-Aszendent zufriedener, wenn er mit Gleichberechtigten arbeiten kann. Er ist kein Einzelkämpfer. Die Arbeit eines Jungfrau-Aszendenten muss immer mit Kommunikation zu tun haben. Allerdings hat er (das gilt auch für sein Privatleben) Angst vor gleichberechtigten Begegnungen und Beziehungen, was daraus resultiert, dass er seinem Gegenüber einfach zu wenig (ver-)traut.
Es kann sein, dass ein Jungfrau-Aszendent sich darüber beklagt, dass er immer für alle anderen da sein muss. Wenn man ihn aber fragt, was er selbst eigentlich will, hat er darauf oft keine Antwort. Er weiß es erst dann, wenn er sich von der Form, nicht aber vom Inhalt her anpasst, wenn er sich durchsetzt und das Vertrauen gewinnt, selbst etwas wollen zu dürfen.

Gefühl und Verstand: Der Jungfrau-Aszendent hat von Haus aus kein Verständnis für die körperliche Existenz, für ihn ist der Kopf wichtig und wertvoll. Er identifiziert sich mit seinem Wissen und Können und bezieht daraus seine Sicherheit. Dieses Können stellt er ausführlich unter Beweis und demonstriert gerne, dass er zu den »Guten« gehört.
Leider bemerkt er oft ziemlich spät, dass es auch so etwas wie ein Bedürfnis nach den vielfältigsten Genüssen gibt, und dass unangepasste Gefühle genauso wichtig sind wie freie Gedanken. Es ist ihm zu wünschen, dass er rechtzeitig die Vielfältigkeit des Lebens entdeckt und daran glaubt, dass es mehr als nur das Überschaubare und Messbare gibt.

Waage-Aszendent

Gestalt: Wenn keine anderen starken Einflüsse vorhanden sind, hat ein Waage-Aszendent meist eine ausgeglichene, gut proportionierte und elegante Gestalt, neigt jedoch zu einer leicht rundlichen Figur.

Wesen: Gesellig und heiter, gelegentlich etwas lässig, ein wenig eitel und beifallsüchtig, aber auch beifallgebend, geht der Waage-Aszendent durchs Leben, immer auf der Suche nach dem spiegelnden Du – das er wie kein anderes Zeichen braucht –, jedoch nicht aus Liebe zum anderen, sondern um sich selbst zu entdecken, kennen zu lernen und zu verwirklichen. Bei ihm ist deshalb im Allgemeinen mehr Liebenswürdigkeit als Emotion vorhanden, er ist weit unabhängiger und grenzt sich stärker ab, als er zeigt.

Waage-Aszendenten entwickeln großen Ehrgeiz. Dennoch stellen sie trotz der großen Erfolge die Frage nach dem Sinn.

Seine Anpassung ist nur äußerlicher Natur, sie geht mit seinem starken Bedürfnis nach Harmonie einher; innerlich bleibt er lieber kühl und eher distanziert. Sein Bestreben nach ständigem Ausgleich kann zu einer indifferenten Haltung, ja sogar bis zur Gleichgültigkeit führen. Er zeigt dann ein freundliches Desinteresse, das niemand durchschauen kann.

Schönheit und Ästhetik: Doch genau dieses ausgeprägte Bedürfnis nach Harmonie macht ihn so anziehend, und seine verfeinerte Genussliebe, die kultivierte Sinnlichkeit, sein Auge für Schönheit und Ästhetik machen ihn zu einem angenehmen Gegenüber. Allerdings überlässt er – in seiner Abneigung gegen Kampf und Schwierigkeiten – die Lösung der Widrigkeiten des Lebens gerne den anderen, im Zweifelsfall seinem Partner.

Charakter: Bei all dieser Lieblichkeit rechnet man nicht damit, dass unter den Waage-Aszendenten die berühmten »Geizkragen« zu finden sind, die andere sogar ihre Macht durch Besitz spüren lassen können – selbst wenn es nicht ihr eigener sein sollte. Die guten Umgangsformen und diplomati-

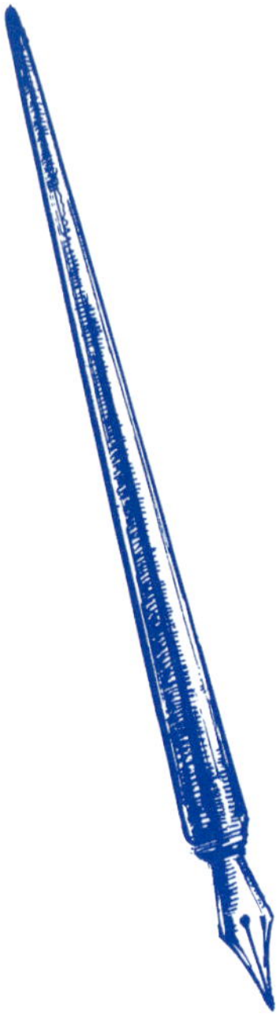

sches Geschick – im Grunde ihre positivsten Eigenschaften – werden nicht nur dafür durchaus berechnend eingesetzt. Der Waage-Aszendent wird immer mit subtilen Mitteln arbeiten, alles Offensichtliche ist ihm zu vulgär.

Das ständige Betrachten einer Situation von allen Seiten und die Schwierigkeit, sich für eine Richtung endgültig zu entscheiden, kann einen Waage-Aszendenten zur Nervenprobe für andere machen.

Wenn man einen Waage-Aszendenten fragt, was er will, fällt ihm interessanterweise oft etwas Verbotenes ein, was ihn manchmal zum großen Abenteurer macht.

Ein Waage-Aszendent wird zwar immer berücksichtigen, dass die Interessen des anderen mit einbezogen werden müssen, aber die glücklichste Fügung ist, wenn diese mit seinen in jeder Hinsicht übereinstimmen. Dann wäre die Harmonie vollkommen. Sieht der Betroffene das nicht rechtzeitig, bekommt er zu spüren, dass ein Waage-Aszendent, wenn es nicht nach seinem Willen geht, ziemlich entschlossen die Bedürfnisse seiner Mitmenschen hintanstellt.

Waage-Aszendenten sind äußerst pflichtbewusste Menschen. Allerdings kann ihre wenig vorhandene Entscheidungsfreude für die Menschen in ihrer Umgebung zur Geduldsprobe werden.

Familie: Ein Waage-Aszendent identifiziert sich stark mit seiner Familie. Dies kann jedoch in übertriebene Fürsorge ausarten: Man findet hier die sprichwörtlichen »Glucken«. Er ist ausgesprochen pflichtbewusst und geht mit Menschen, die von ihm abhängen oder ihm anvertraut sind, beispielsweise seinen Kindern, sehr verantwortungsvoll um.

Beruf: Waage-Aszendenten geben sich nicht nur gebildet, sie sind es in der Regel auch. Eine gute Ausbildung sehen sie als unentbehrliche Grundlage für den Beruf an. Diese Tätigkeit wird in irgendeiner Richtung mit Bildung und/oder Kommunikation zu tun haben: Journalisten, Schriftsteller, Verfasser von Reise- oder Abenteuerberichten, Auslandskorrespondenten und dergleichen haben oftmals einen Waage-Aszendenten. Auch Menschen mit einem Zweitstudium findet man hier oft. Sie lernen Sprachen im Allgemeinen fast im Vorübergehen und wenden sie auch gerne an.

Skorpion-Aszendent

Gestalt: Das Auffälligste am Skorpion-Aszendenten, wenn nicht andere gravierende Einflüsse vorherrschen, sind seine überaus markanten Gesichtszüge, und hier insbesondere seine durchdringenden, (kalt-)forschenden Augen mit dem stechenden Blick.

Gefühl und Leidenschaft: Ob man einen Skorpion-Aszendenten mag oder nicht mag: Es ist unmöglich, ihn zu übersehen oder unparteiisch zu betrachten. Er empfindet ebenfalls starke Sympathien bzw. starke Antipathien und ist in keiner Weise imstande, andere Menschen »wertfrei« zu sehen. Die Liebe eines Skorpion-Aszendenten ist ausgesprochen leidenschaftlich, grenzenlos und abgrundtief – sein Hass allerdings ist genauso intensiv.

Seine Leidenschaft und seinen außerordentlich starken Willen bemerkt man vielleicht nicht auf den ersten Blick, denn oft ist dieser Aszendent zurückhaltend, reserviert und äußerlich ganz ruhig, auch wenn es in seinem Innersten brodelt.

Er setzt dann sein kühlstes Pokergesicht auf und lässt sich nichts entlocken.

Skorpion-Aszendenten verhalten sich nach außen reserviert, auch wenn es in ihrem Innersten bereits brodelt. Sie sind sowohl in ihrer Zuneigung als auch in ihrer Abneigung leidenschaftlich, grenzenlos und abgrundtief.

Selbstvertrauen: Wenn er sich von irgendetwas eine Vorstellung gemacht hat, die er dann auch gerne ideologisch verbrämt, ist es für ihn fast unmöglich, sich etwas anderes vorzustellen. Er kann deshalb nicht begreifen, wieso jemand dieselbe Sache so anders sieht. Seine starken Suggestivkräfte helfen ihm jedoch dabei, andere Menschen relativ leicht von seiner Sichtweise zu überzeugen.

Macht: Er lebt oft in einem Konglomerat aus Abhängigkeiten, er bindet andere an sich und ist selbst auf andere fixiert. Im Grunde kann diesen undurchschaubaren Kreislauf von Macht und Ohnmacht, Manipulation und Unterdrückung nur ein sehr reifer Skorpion-Aszendent durchbrechen, der es sich zur Aufgabe gemacht hat, zunächst einmal Macht über sich selbst zu bekommen.

Skorpion-Aszendenten leben ihre reichlich vorhandenen Energien aus. Ihre enorm hohe Regenerationsfähigkeit veranlasst sie, Schwäche bei anderen Menschen und bei sich selbst zu verachten.

Beziehung: Der Skorpion-Aszendent kann im Grunde nur solche Menschen wirklich ernst nehmen, die er auf keinen Fall vereinnahmen kann. Ganz besonders gilt dies natürlich für den Partner. Er verachtet Schwäche, am allermeisten allerdings bei sich selbst. In Grenzsituationen zeigt sich sehr deutlich seine enorme Regenerationsfähigkeit, die er immer wieder heraufbeschwört, damit er seine Energien ausleben kann.

Sexualität: Er kann gar nicht anders, als mit seiner ganzen Leidenschaft und Heftigkeit zu fordern und herauszufordern. Er ist süchtig nach Leben und Sexualität. Erst wenn er – als Ausgleich zu dieser extremen Haltung – sein starkes Triebleben kultiviert und verfeinert hat, kann er seine Kräfte konstruktiv gebrauchen.

Fähigkeiten: Dieser Aszendent ist fähig zu tiefsten Einsichten, und auch seine therapeutischen Fähigkeiten vermag er heilend einzusetzen.

Er verfolgt seine eigenen Belange zwar meist ziemlich autoritär, aber sein ausgeprägter Unternehmergeist, seine Leidenschaftlichkeit und seine klaren (bis fixen) Vorstellungen befähigen ihn zu herausragenden Taten, die kaum ein anderer vollbringen kann.

Meist ist er eitel in Bezug auf seine seelischen und geistigen Vorzüge und nimmt Huldigungen in dieser Hinsicht gerne entgegen. In der Öffentlichkeit den König zu spielen, kommt seinem Naturell sehr entgegen.

Schütze-Aszendent

Gestalt: Rein äußerlich sind Schütze-Aszendenten, wenn kein anderer prägender Einfluss vorliegt, an ihrem kraftvoll, manchmal etwas breit gebauten Körper zu erkennen: Sie haben eine hohe Stirn und oft »schöne, edle« Gesichtszüge, die allerdings nicht immer das halten können, was die Physiognomie verspricht.

Wesen: Dieser Aszendent wird immer nach Höherem streben, egal ob es sich um Ideale, Religion, Bildung oder um seine Stellung in Beruf und Gesellschaft handelt. An Sportarten und Vergnügungen werden ebenfalls eher »noble« Betätigungen bevorzugt. Er selbst jedenfalls ist der Ansicht, an sein Niveau komme so leicht niemand heran. Schütze-Aszendenten fühlen sich anderen meistens turmhoch überlegen, auch was das Wissen bzw. die geistigen Fähigkeiten als solche angeht. Selbst wenn ein Schütze-Aszendent Schüler ist, wundert er sich, wieso sein Lehrer den Stoff auch beherrscht. Er meint, den absoluten Durchblick zu haben. Bei einem sehr reifen, entwickelten Schütze-Aszendenten kann dies auch tatsächlich der Fall sein.
Er bemüht sich in Bezug auf die Weltanschauung, alles richtig zu machen, die »richtige« Religion oder die »richtige« Wissenschaft zu finden. Allerdings kann das auch bedeuten, dass alles, was er nicht denkt, in seinen Augen falsch ist. So kann es sein, dass er mit der Zeit ein falsches Bild von der Wirklichkeit entwickelt.
Er empfindet meist sein Leben lang eine tiefe Sehnsucht nach Geborgenheit und Heimat, verbringt aber unter Umständen das ganze Leben im Ausland. Jedenfalls reisen Schütze-Aszendenten sehr gern in ferne Länder, und wenn schon nicht in Wirklichkeit, so unternehmen sie wenigstens Gedankenreisen.

Schütze-Aszendenten streben in allen Dingen nach Höherem und glauben, anderen Menschen überlegen zu sein. Darin liegt die Gefahr, falsche Vorstellungen von der Wirklichkeit zu entwickeln.

Fähigkeiten: Ein Schütze-Aszendent verbreitet enorm viel Optimismus durch seinen unverwüstlichen Idealismus, seine Überschwenglichkeit und seine mitreißende Begeisterungsfähigkeit. Er kann sehr viel Wärme ausstrahlen, Geborgenheit und Verständnis vermitteln. Auch strebt er nach Erkenntnissen und Einsichten in größeren Zusammenhängen. Wenn er seinen Hang zur Übertreibung und Selbstgerechtigkeit nicht ungebremst auslebt, ist er fähig, andere zu inspirieren, zu fördern und auch selbst zu expandieren – allerdings auch körperlich.

Schütze-Aszendenten sind Kämpfernaturen, die kurz entschlossen und auf kreative Art und Weise die Dinge anpacken. Nur feste Bindungen vermeiden sie so lange wie möglich.

Beziehung: Wenn ein Schütze-Aszendent etwas anpackt, dann kurz entschlossen; wenn er kämpfen muss – was er gerne tut, solange er die sportliche Note daran sehen kann –, dann geschieht dies auf sehr kreative Weise. Er liebt kommunikationsfreudige Menschen, ist auch viel mit anderen Menschen zusammen, eine feste Bindung schiebt er aber so lange wie möglich hinaus.

Frauen mit Schütze-Aszendent fühlen sich oft verpflichtet, dem Partner bzw. der Familie Geborgenheit zu vermitteln, was immer mehr zur Last werden kann, weil sie meinen, ihr Wohlgefühl und ihren eigenen Weg anderen Menschen opfern zu müssen.

Arbeit: Der Schütze-Aszendent glaubt oft, nicht für sich selbst, sondern für jemand anderen arbeiten zu müssen. Häufig gibt er sogar seine Freiheit für den Nächsten hin, erwartet dafür aber im Gegenzug überdurchschnittlich viel Anerkennung und moralisiert gern. Die andere Seite davon ist sein ausgeprägter Gerechtigkeitssinn, den er mit dem ihm eigenen glühenden Glauben verteidigt.

Steinbock-Aszendent

Gestalt: Wenn nicht andere Einflüsse überwiegen, erkennt man ihn oft an seiner hageren, asketisch anmutenden Gestalt mit einer sehr geraden Haltung. Er hat ein eckiges Gesicht (in späterem Alter zeigt besonders das Männergesicht tiefe Falten) und einen ernsten, ein bisschen melancholischen Gesichtsausdruck.

Steinbock-Aszendenten wirken in der Jugend sehr erwachsen, manchmal sogar etwas ältlich und werden sozusagen mit zunehmendem Alter immer jünger.

Fähigkeiten: Ein Steinbock-Aszendent besitzt eine Fähigkeit, um die ihn andere ihr Leben lang beneiden: sein Leben zu strukturieren. Er würde nie einfach nur darauf los leben, sondern er plant sein Leben – sorgfältig und vorsichtig. Er prescht nicht vor wie beispielsweise ein Widder-Aszendent, sondern geht die Dinge entsprechend langsam an, mit Methode und Logik. Hat er seine Ziele abgesteckt, arbeitet er zäh und voller Energie an ihrer Verwirklichung. Er würde nie unkorrekt handeln, aber sein Ehrgeiz, den man bei ihm gar nicht vermuten würde, lässt ihn schon hin und wieder seine Ellenbogen einsetzen und auch seine Mitmenschen für seine Ziele benutzen.

Wesen: Er ist ein »Allesselbermacher«. Weil er selbst sehr diszipliniert und kontrolliert lebt, achtet er darauf, dass andere Menschen ihre (oft auch nur vermeintlichen) Grenzen nicht überschreiten. Natürlich geschieht dies dennoch, tagtäglich sogar und nicht nur in seiner unmittelbaren Nähe, sondern überall auf der Welt. In solchen Fällen kann es dann passieren, dass der von Haus aus etwas verschlossene Steinbock-Aszendent resigniert und griesgrämig reagiert.

Steinbock-Aszendenten leben diszipliniert und kontrolliert. Sie versuchen, die größten Hindernisse zu überwinden, erwarten dafür allerdings die gebührende Anerkennung.

Er ist ohnehin der Meinung, dass ihm in diesem Leben nichts geschenkt wird und das Leben eine einzige Verpflichtung ist. Nur was er sich selbst unter Anstrengung und Disziplin erworben hat, hält er für wertvoll. Am Überwinden von Hindernissen und Schwierigkeiten hat er seine größte Freude: Je schwerer ein Ziel zu erreichen ist, desto reizvoller erscheint es ihm. Für solch opferbereite Zielstrebigkeit möchte er aber schon die ihm seiner Meinung nach zustehende Anerkennung – besonders in der Gesellschaft – ernten.

Für einen Steinbock-Aszendenten haben auch Kultur, Eleganz und Stil, Kunst und Schönheit eigentlich nur dann einen Stellenwert, wenn man alle Errungenschaften öffentlich zeigen kann. Im übertragenen Sinn könnte man sagen: Er kauft ein Bild, um es auszustellen. Er umgibt sich auch häufig in irgendeiner Form mit außergewöhnlichem, auffallendem Besitz. Das alles meint er zu brauchen, weil er in seiner zurückhaltenden Sprödigkeit gerne übersehen wird bzw. er sich selbst nicht in der Art präsentieren kann, wie er es eigentlich möchte.

Steinbock-Aszendenten können aufgrund ihrer Disziplin großartige Lehrer und Vorgesetzte sein, auch wenn sie dazu neigen, andere als unmündige Geschöpfe zu behandeln.

Der Steinbock-Aszendent behandelt andere Menschen gerne als unmündige Geschöpfe, die zuerst lernen müssen. Allerdings muss man ihm auch zugestehen, dass er ein guter Lehrer und gerechter Vorgesetzter sein kann. Auch versteht er es hervorragend, Ordnung in jedes Chaos zu bringen, und zwar nicht nur mit seinem guten Rat, sondern auch mit »gezielten Handgriffen«.

Beziehung: Man übersieht gerne, dass sich der Steinbock-Aszendent in der Partnerschaft nicht als der harte, strenge Lehrer zeigt, sondern sich gern bemuttern lässt und auch den anderen gefühlsmäßig versorgen kann. Dazu gehört allerdings eine gewisse Reife, die dem Steinbock-Aszendenten von Geburt an nicht gegeben ist. Frauen mit diesem Aszendenten wählen gerne machtvolle Partner.

Lebensfreude: Es gibt eine Art von Steinbock-Aszendenten, die dem hartherzigen, geizigen, humorlosen, verbitterten und verschlossenen Riesen aus dem Märchen »Der selbstsüchtige Riese« gleicht, der selbst keine Freude am Leben hat und alles unternimmt, um anderen das Leben zu vergällen. Aber eines Tages kommt ein Kind, das in seiner ganzen Weichheit, Wärme und Unschuld den Panzer des Riesen zum Schmelzen bringt und ihn ins Leben zurückruft. Wenn solch ein Typ einmal anfängt, sich nach dem Sinn seines Schicksals zu fragen, wenn er es lernt, fünfe gerade sein zu lassen, wenn es ihm einmal nicht mehr um persönliche Anerkennung, sondern um den »Spaß an der Freude« geht, dann hat er das Kind in sich geweckt, das den Panzer zum Schmelzen bringen kann.

Wassermann-Aszendent

Gestalt: Wenn keine anderen Planeten einen starken Einfluss nehmen, so ist er vom Typ her dem Löwe-Aszendenten ähnlich, nur nicht so kraftvoll. Er hat meist ein kühleres Erscheinungsbild.

Wesen: Sein Wesen ist eigenwillig bis exzentrisch, distanziert bis unberührbar. Er zeigt eine unverbindliche Art, hinter der ein ausgeprägter Wunsch nach Unabhängigkeit steckt.
Oft sieht er den anderen Menschen interessiert bei ihrem emotionalen Treiben zu und wundert sich manchmal leise, wie man sich so abmühen kann. Für laute, überschwengliche Gefühlsäußerungen oder gar Hysterie hat er nichts übrig – er bleibt lieber sachlich, hat es gern »objektiv«, selbst wenn er innerlich aufgewühlter ist, als er denkt. Hinter dieser distanzierten und kühlen Fassade ahnt man aber oft das hintergründige Wesen, das nur die großen Zusammenhänge des Lebens vor Augen hat.
Er stellt ohne langes Zögern Werte infrage und setzt sich mitunter großartig über festgelegte Spielregeln hinweg. Durch diesen Wesenszug kann er allerdings sehr leicht aus der Bahn geworfen werden.
Er glaubt manchmal, sich nur mit besonders originellen Ideen gegenüber anderen Menschen durchsetzen zu können, und ist auch der Meinung, alle Originalität käme aus dem Kopf. Dass dem in keiner Weise so ist, erkennt er erst, wenn er sich mehr seiner – eigentlich von Haus aus vorhandenen – Intuition überlässt.

Fähigkeiten: Wassermann-Aszendenten haben sehr oft die Nase im Wind und einen »Riecher« für Trends. Diese Eigenschaft können sie aber erst dann nutzen, wenn sie ihre Neigung zu illusionärer Einstellung aufgeben und ihre Vorhaben auf sichere Beine stellen, denn Weltfremdheit, gepaart mit der Tendenz, seine Zielrichtungen rasch zu wechseln, können aus dem erfolgreichen Trendsetter rasch einen schrulligen Außenseiter machen.

Wassermann-Aszendenten sind echte Trendsetter. Sie können diese Fähigkeit aber nur nutzen, wenn sie ihre Vorhaben auf sichere Beine stellen.

Dass ein Wassermann-Aszendent auf andere überheblich wirkt, liegt möglicherweise an seinem besonderen intellektuellen Anspruch. Er ist geistig sehr rege, seine Auffassungsgabe äußerst schnell. Was Spiel und Vergnügungen anbelangt, ist er ebenfalls sehr anspruchsvoll und wird einer Sache recht schnell überdrüssig, fühlt sich rasch von seiner Umwelt gelangweilt. Das kann im Übrigen auch auf seinen Sex(-partner) zutreffen.

Die Lebendigkeit des Wassermann-Aszendenten kommt besonders in Begegnungen mit anderen zum Tragen. Er fühlt sich zu einflussreichen Menschen hingezogen und könnte Mittelpunkt außergewöhnlicher Beziehungen sein.

Beziehungen: Der Wassermann-Aszendent fühlt sich zu angesehenen und einflussreichen Menschen hingezogen und hat kein Herz für Verlierer. Allerdings braucht er auch selbstständige, selbstbewusste und starke Partner, nicht nur im Privatleben.

Wenn Wassermann-Aszendenten zu sehr in die Pflicht genommen werden bzw. sich zu sehr in die Pflicht nehmen lassen, rebellieren sie anschließend gegen jede Ordnung, mag sie noch so sinnvoll sein. Sie sabotieren, torpedieren und manipulieren Vereinbarungen – auch gesellschaftlicher, übergeordneter Art. So kann beispielsweise aus einem Rechtsanwalt ein »Rechtsverdreher« werden, d. h. jemand, der das Recht manipuliert.

Der Wassermann-Aszendent kann sich am besten über die Begegnung kennen lernen, da ihn der Austausch mit anderen Menschen seine eigene Lebendigkeit spüren lässt. Er wird im Lauf seines Lebens feststellen, dass es immer darum geht, die Menschen, die auf ihn zukommen, wirklich zu beachten. Er könnte und sollte sogar zum Zentrum für lebendige, außergewöhnliche Begegnungen werden.

Er lässt sich mitunter gern bedienen, so wie Kinder dies tun, weil er ja »einmalig« ist. Er fühlt sich nicht nur als Individuum, sondern auch in der Gruppe als jemand Besonderes und Herausragendes.

In der festen Beziehung wird er aufgefordert zu dienen, sich anzupassen und fühlt sich leicht schuldig, wenn er diese Verpflichtung ablehnt. Gerade für das freie Wesen eines Wassermann-Aszendenten sind jedoch Vernunft und Anpassung weit weniger bekömmlich, als er annimmt. Bevor er Verpflichtungen eingeht, sollte er sich die Konsequenzen gut überlegen und den Mut finden, sie abzulehnen, wenn sie ihn zu sehr einengen.

Fische-Aszendent

Gestalt: Er ist – wenn nicht andere starke Einflüsse überwiegen – an seiner feingliedrigen, hoch gewachsenen Gestalt zu erkennen, an seinen weichen, oft etwas unscharfen Gesichtszügen, den schwimmenden, manchmal schräg stehenden (Fisch-)Augen und an seinem romantisch-verträumten Blick.

Wesen: Es fällt schwer, sich einem Fische-Aszendenten, der sein ganzes Leben etwas Kindliches bewahrt, zu entziehen: Seine mimosenhafte Empfindsam- und Empfindlichkeit, seine Beeindruckbarkeit, sein Edelmut, sein Phantasiereichtum und seine entgegenkommende Art wirken bezaubernd und betörend. Natürlich weckt ein solches Wesen Beschützerinstinkte, und einen Beschützer braucht der Fische-Aszendent auch. Er hat zwar ein grenzenloses Vertrauen darauf, dass schon alles irgendwie gut gehen wird, sehnt sich aber doch nach einem Partner, der für ihn den lästigen Lebensalltag regelt und Entscheidungen trifft, damit er in seiner Traumwelt bleiben kann. Er fühlt sich oft desorientiert. Wenn er in sich hineinhört, lauern tief innen Gefühlschaos und Ängste. Deswegen sieht er sicherheitshalber nicht so genau hin und flieht in seine vernebelte Traumwelt.

Man kann sich dem Edelmut und dem Phantasiereichtum eines Fische-Aszendenten kaum entziehen. Allerdings sehnt er sich nach einem Partner, der den Alltag für ihn regelt, damit er in seiner geliebten Traumwelt bleiben kann.

Fähigkeiten: Es gibt aber auch Fische-Aszendenten, die in der realen Welt ihre Traumwelt finden. Sie haben sehr oft Verbindungen in alle Welt und verfügen bei ihrer reichen Phantasie meist über eine künstlerische Ader, die sie auch oft zum Beruf machen. Entweder wenden sie sich der Musik zu oder sie leben ihren Hang zu dramatischen Rollen in der Schauspielerei aus.

Ein Fische-Aszendent hat Schwierigkeiten, sich mit seinen eigenen tiefen Gefühlen und seiner Individualität auseinander zu setzen. Deshalb setzt er sich oftmals lieber für andere ein. Als Heiler und Retter beispielsweise, der alle Leiden dieser Welt auf seinen Schultern trägt, selbstlos bis zur Selbstaufgabe, oder als

»Mutter der Kompanie«, tonangebend und bestimmend. Auch als Zuhörer ist ein Fische-Aszendent sehr gefragt, da er Stimmungen und Gefühle anderer Menschen nachempfinden kann wie kein anderer.

Ein Fische-Aszendent fühlt sich zur Nächstenliebe verpflichtet und hofft, dafür gesellschaftliche Anerkennung zu erhalten.

Hingabe: Ein Fische-Aszendent fühlt sich zur Nächstenliebe verpflichtet, will gerne als edel, hilfreich und gut gelten und möchte genau dafür in der Gesellschaft anerkannt werden. Er strebt – bei aller wohlwollender Berücksichtigung fremder Interessen – nach sozialem Aufstieg; berufliche Höhenflüge sind deshalb keine Seltenheit.

Beruf: Allerdings machen ihn die tiefen Gefühle für seine Mitmenschen und die Schwierigkeit sich abzugrenzen besonders im beruflichen Bereich ausnutzbar. Erschwerend kommt hinzu, dass er zwar gerne selbstständig, aber untergeordnet arbeitet und sich so von anderen abhängig macht.

Aufgaben: Seine Aufgabe ist es, zwischen Hingabe und Selbstaufgabe unterscheiden zu lernen.

Zudem ist es für ihn wichtig, sich sein Recht auf Freiheit bewusst zu machen. Dann ist er nicht mehr so stark an bestimmte Ideologien, Meinungen und Ideale gebunden. Er neigt nämlich zur übertriebenen Kritik am anderen und niemand, einschließlich seiner eigenen Person, und kann die festgelegten Ideale dann kaum erfüllen.

Aszendenten und ihre Eigenschaften

Widder-Aszendent:
Er ist temperamentvoll, selbstbewusst, begeisterungsfähig, handelt schnell und aus vollem Herzen.

Stier-Aszendent:
Er ist sinnlich, fleißig, aufopferungsvoll und hat meistens eine künstlerische Veranlagung.

Zwillinge-Aszendent:
Er ist mitteilsam, lebendig und geistig äußerst beweglich.

Krebs-Aszendent:
Er ist einfühlsam, verständnisvoll, musikalisch und empfindet wie kein anderer die Liebe zum Du.

Löwe-Aszendent:
Er ist tatkräftig, sensibel, scharfsinnig und geht sehr interessiert auf andere Menschen zu.

Jungfrau-Aszendent:
Er ist umsichtig, kritisch, hilfreich und fragt oft nach dem Nutzen einer Sache.

Waage-Aszendent:
Er ist heiter, kultiviert und besitzt diplomatisches Geschick.

Skorpion-Aszendent:
Er ist leidenschaftlich, willensstark, unternehmungsfreudig und bindet andere an sich.

Steinbock-Aszendent:
Er ist diszipliniert, energiereich und opferbereit.

Schütze-Aszendent:
Er ist idealistisch, optimistisch, gerecht und strebt nach Erkenntnis.

Wassermann-Aszendent:
Er ist eigenwillig, distanziert, objektiv im Denken und Handeln und oftmals ein Trendsetter.

Fische-Aszendent:
Er ist idealistisch, einfühlsam, hingebend und hat oft Verbindungen in alle Welt.

Die Aszendenten sind unsere Grundanlage, sie repräsentieren unsere angeborenen Triebe und Reflexe.

Die Häuser

Jedes Haus ist ein Lebensgebiet

Jedes Haus steht für einen Bereich unseres Lebens, das sowohl der realen als auch unserer inneren Welt entspricht.

Jedes der zwölf astrologischen Häuser steht für einen Bereich, ein Gebiet unseres Lebens, das der realen und der inneren Welt entspricht.

Häuser	Zeichen	Prinzipbeispiele außen/innen
Haus 1	Widder	Prinzip der Durchsetzung und der Aggression
Haus 2	Stier	Prinzip der Absicherung und Abgrenzung
Haus 3	Zwillinge	Prinzip der Geschicklichkeit und des Lernens
Haus 4	Krebs	Prinzip des Wohnens und der Empfindung
Haus 5	Löwe	Prinzip der Kinder (reale und geistige)
Haus 6	Jungfrau	Prinzip der Reinigung, Anpassung
Haus 7	Waage	Prinzip der Kontaktfähigkeit und der Vorstellung davon, was man braucht
Haus 8	Skorpion	Prinzip der Bindung und Kontrolle
Haus 9	Schütze	Prinzip der Reisen und der Sinnfindung
Haus 10	Steinbock	Prinzip der Elternrolle und der Unbeugsamkeit
Haus 11	Wassermann	Prinzip der Freunde und der Unabhängigkeit
Haus 12	Fische	Prinzip von Flucht, Sucht, Lüge, Schein; Prinzip des Helfens und der Bewusstseinserweiterung

Zur näheren Erläuterung wählen wir folgendes Beispiel:
Das vierte Haus repräsentiert einerseits ganz real das Zuhause, die Art, wie wir wohnen; andererseits, als innere Welt, unsere Empfindungsfähigkeit, d.h., die Art, wie wir fühlen. Je nachdem, von welchem Zeichen dieses vierte Haus nun angeschnitten ist, sieht unser Seelen- oder unser realer Haushalt aus. Ein Mensch, dessen viertes Haus vom Fisch angeschnitten ist, kann deshalb vor Gefühlen überfließen und in Sentimentalität und Wunschträumen verharren, während jemand mit einem Steinbock-Haus an dieser Stelle sich auf Gefühle möglicherweise nicht verlässt, sondern übernommene Strukturen und Traditionen bevorzugt.

Die verschiedenen Häuser sind vom Prinzip her den einzelnen Tierkreiszeichen zugeordnet.

In der äußeren Welt könnte sich ein viertes Haus im Fisch als Wasserschaden in der Wohnung manifestieren, während man bei einem vierten Haus im Steinbock eventuell vergeblich nach sanft wehenden Vorhängen sucht.
Oder nehmen wir das zehnte Haus, das in der äußeren Welt den Beruf repräsentiert. Wenn dieses Haus nun vom Schützen angeschnitten wird, so könnte jemand z.B. im Ausland arbeiten oder beruflich sehr viel reisen, während ein Mensch mit dem zehnten Haus in der Jungfrau Ärztin wird. In der inneren Entsprechung könnte ein zehntes Haus im Schützen bedeuten, dass man den Sinn des Lebens im Beruf sieht, während ein zehntes Haus in der Jungfrau auf Anpassung im Beruf hinweist.
Um Ihnen die Übersicht zu erleichtern und einen schnellen Zugriff zu ermöglichen, finden Sie auf der nächsten Doppelseite die Häuserinterpretation nach Hermann Meyer, welche die wesentlichen Inhalte der zwölf Häuser zusammenfasst.

Häuserinterpretation nach Hermann Meyer

In den zwölf Häusern finden wir sowohl äußere Formen als auch innere, seelische Prozesse. Sie sind in Quadranten zu je drei Häusern unterteilt.

1	KÖRPERLICH	Ich, Körper, materielle Welt, Durchsetzungsfähigkeit, Initiative, Trieb, Wille, Energie, Kampf • Prozess der Ichfindung, der Entdeckung des Körpers, der instinktiven Eigenart
2	KÖRPERLICH	Besitz, Status, Prestige, Wert, Abgrenzungs- und Genussfähigkeit, existenzielle Sicherheit • Prozess der Selbstwertfindung, der Festigung und Sicherung des Ich
3	KÖRPERLICH	Sprache, Schrift, Beweglichkeit, Kommunikation, Technik, Naturwissenschaft, Interesse, Darstellungs- und Ausdrucksfähigkeit • Prozess des Lernens, der Weiterentwicklung der körperlichen Anlagen
4	SEELISCH	Seele, Natur, Heim, Heimat, weibliches Prinzip, Mutter, Nahrung, Kleidung, Wohnung, Geborgenheit, Zärtlichkeit • Prozess der (seelischen) Identitätsfindung, der Entdeckung der seelischen Eigenart
5	SEELISCH	Handeln, Gestalten, Selbstbewusstsein, eigene Unternehmung, Kinder, Sexualität, Spiel, seelische Sicherheit, schöpferisches Prinzip • Prozess der Selbstverwirklichung und der Festigung der (seelischen) Identität, Reifungsprozess
6	SEELISCH	Analyse, Diagnose, Verschmutzung, Krankheit, Anpassung, Vernunft, (Prozess der) Arbeit, Zeigen der Gefühle • Prozess der Reinigung (innen und außen), der Weiterentwicklung der seelischen Anlagen

7	GEISTIG	Du, Kontakt, Ausstrahlung, Schönheit, Geruch, Erotik, Auswahl, Ausgleich, Harmonie, Begegnungs- und Liebesfähigkeit • Prozess der geistigen Identitätsfindung, Partnerwahlprozess
8	GEISTIG	Zwang, Macht, Gewalt, Opferung, Befehl, Chef, Ideologie, Leitbild, geistige Abgrenzung, eigener geistiger Weg, Beziehungsfähigkeit • Prozess der Meinungsbildung, der Transformation, des »Stirb und Werde«, Festigung der Partnerschaft
9	GEISTIG	Weltanschauung, (Lebens-)Philosophie, Religion, Reisen, Ausland, geistige Ausdrucks- und Darstellungsfähigkeit, Einsichtsfähigkeit • Prozess der Sinnfindung, Weiterentwicklung der Partnerschaft und soziales Umfeld
10	ÜBERPERSÖNLICH	Öffentlichkeit, Recht, Gesetz, Norm, Tradition, Ordnung, patriarchales System, Maßstab, Ideal, Hemmungsprinzip, Akt der Verdrängung, Beruf(-ung) • Prozess der Entdeckung der eigenen Rechte und Verantwortungen, Bewusstwerdung
11	ÜBERPERSÖNLICH	Freiheit, Unabhängigkeit, Veränderung, Reformen, Entwicklung, eigene Freizeitgestaltung • Prozess der Emanzipation, der Befreiung, Ansammlung eigener Rechte
12	ÜBERPERSÖNLICH	Schein, Lüge, Hintergründiges, Verschleierung, Auflösung, das Verdrängte, Flucht, Tarnung, Angst, Helfen, Illusion, das Kosmische, die Transzendenz • Prozess der Auflösung von alten Bewusstseinsinhalten

Die einzelnen Häuser sind keine beliebige Aneinanderreihung von Einzelbereichen, sondern zeigen den Ablauf menschlicher Entwicklungsprozesse.

Die vier Quadranten

In den einzelnen Häusern sind sowohl die konkrete, äußere Form als auch unsere seelischen Prozesse zu finden. Dabei sind die Häuser nicht einfach eine Aneinanderreihung von Einzelbereichen, die wie Perlen an einer Schnur zusammengesetzt sind. Vielmehr beschreiben sie eine Entwicklung, eine Abfolge menschlicher Wachstumsprozesse. Sie sind in vier große Blöcke eingeteilt: die »Quadranten«. Jeder dieser Quadranten umfasst drei Häuser.

Die Häuser eins bis drei – der erste Quadrant

Die Häuser eins bis drei betreffen die materielle Seite unseres Daseins, während die Häuser vier bis sechs unsere Seele und Empfindungen beschreiben.

Der erste Quadrant betrifft unsere materielle Seite, unseren Körper. Mit der Geburt (erstes Haus) werde ich in den Raum geworfen, mit etwa 18 Monaten löse ich mich aus der Symbiose mit der Mutter. Ich grenze mich mit meiner Haut gegen andere ab und fühle mich zugleich in meiner »Herde« gesichert (zweites Haus). Ich beginne zu sprechen und entwickle meine Intelligenz (drittes Haus).

Der erste Quadrant zeigt den Menschen in seinem Entwicklungsprozess als »Nesthocker«, Säuger, der den tierischen Verwandten sehr ähnlich ist: triebhaft, von den Instinkten geleitet, auf die Befriedigung elementarer Bedürfnisse angewiesen.

Die Häuser vier bis sechs – der zweite Quadrant

Der zweite Quadrant beschreibt unsere menschliche Seite, die Seele, das Gefühl, die Empfindung, unsere emotionale Seite. Gefühle (viertes Haus), Entwicklung von Gefühls- bzw. Selbstausdruck und Kreativität (fünftes Haus) und vernünftige Anpassung unseres Egos an die Umwelt (sechstes Haus) sind unsere Aufgaben. Die Schöpferkraft des bewussten, sich selbst reflektierenden Individuums führt über das instinktive Handeln des ersten Quadranten hinaus.

Die Häuser sieben bis neun – der dritte Quadrant

Die Häuser sieben bis neun führen unser Ich hinüber zum Du und zum Geistigen, während uns die Häuser zehn bis zwölf den überpersönlichen Bereich zeigen.

Der dritte Quadrant führt uns über unser persönliches Sein hinaus und hinüber zum Du und zum Geistigen. Dass man den dritten Quadranten sowohl den geistigen als auch den Du- oder Beziehungsquadranten nennt, klingt komplizierter, als es tatsächlich ist: Alles, was mir, dem Subjekt, von außen als Objekt entgegenkommt, ist ein Teil von mir. Es sind innere Bilder, die ich nach außen »gelagert« habe und wieder zurückholen muss, um ganz zu werden.
Wie in den ersten beiden Quadranten vollzieht sich auch hier der Dreierschritt: Ich begegne dem Du, nehme Kontakt auf (siebtes Haus), ich werde verbindlich, stelle eine feste Beziehung her (achtes Haus), entwickle diese weiter und beziehe mich zugleich auf ein größeres soziales Umfeld (neuntes Haus). »Geistig« gedeutet hieße das: Ich habe ein Bild, eine Idee (siebtes Haus), füge aus diesen Bildern fixe Vorstellungen, eine verbindliche Ideologie (achtes Haus) und differenziere diese, indem ich mich in einen umfassenden geistigen Zusammenhang begebe. Das bedeutet, auf die Suche nach dem Sinn zu gehen (neuntes Haus).

Die Häuser zehn bis zwölf – der vierte Quadrant

Im vierten Quadranten wird die Luft dünn, denn nun befinde ich mich im sogenannten überpersönlichen oder auch Gesellschaftsquadranten. Hier bin ich als Einzelner Teil eines großen gemeinschaftlichen Ganzen, Teil der Gesellschaft und des Staates. Damit bin ich eingefügt in etwas, das über mich hinausweist, in einen »Zeitgeist«, den Geist der Geschichte – und auch in mein Schicksal.
Zuerst treffe ich auf die Ordnung, auf Recht und Gesetz, die Normen, die Spielregeln der Gesellschaft, die mein Ego beschneiden und zugleich stützen (zehntes Haus). Darüber hinaus strebe ich aber danach, innerhalb dieses Ordnungs-

systems auch als Individuum mit persönlicher und gesellschaftlicher Freiheit akzeptiert zu werden (elftes Haus). Schließlich habe ich das Bedürfnis, meine Individualität auch wieder aufzulösen, indem ich mich als Repräsentant des »Zeitgeistes« auf überpersönliche Weise darstelle (zwölftes Haus).

Die Häuserspitzen – Bestimmung des Siebenjahresherrschers

Jedes der zwölf Häuser ist einem bestimmten Sternzeichen zugeordnet. Allerdings sind die Häuser im Gegensatz zum »natürlichen« Tierkreis nicht gleich groß.

Wie in der Einleitung bereits ausgeführt, gibt es einen »natürlichen« Tierkreis, dessen erstes Haus immer der Widder ist. Die »natürlichen« Häuser sind demnach:

Häuser	Sternzeichen
Erstes Haus	Widder
Zweites Haus	Stier
Drittes Haus	Zwillinge
Viertes Haus	Krebs
Fünftes Haus	Löwe
Sechstes Haus	Jungfrau
Siebtes Haus	Waage
Achtes Haus	Skorpion
Neuntes Haus	Schütze
Zehntes Haus	Steinbock
Elftes Haus	Wassermann
Zwölftes Haus	Fische

Die Sternzeichen bilden zwölf Häuser zu je 30 Grad. Ihr »persönliches« Horoskop hat – abgesehen vom Widder – einen anderen Aszendenten, der für Sie jetzt der Anfang des Horoskops ist. Die Häuser sind auch nicht – wie im »natürlichen« Horoskop – gleich groß. Es kann sogar vorkommen, dass jemand zwei Häuser in einem einzigen Sternzeichen hat oder dass ein Haus so groß ausfällt, dass es vielleicht sogar ein ganzes Zeichen überspringt.

Die Häuseranfänge, Häuserspitzen genannt, sind wichtig für die Bestimmung des Siebenjahresherrschers. Sie repräsentieren – egal wie groß ein Haus ausfällt – immer einen Zeitraum von sieben Jahren.

Die Häuserspitzen markieren, unabhängig von der Größe eines Hauses, den Zeitraum von sieben Jahren.

Eine eventuelle Verschiebung von Häuserspitzen führt automatisch zu einer Verschiebung der Zeitqualität. In einem solchen Fall müssen Sie beim vorherigen bzw. nachfolgenden Aszendenten die für Sie gültige Zeitqualität nachlesen. Wir kommen in der Einleitung zu Teil II (siehe Seite 76) darauf ausführlich zu sprechen.

Die Sonne

Sonne und Aszendent

Der Aszendent und die Sonne geben Ihnen ein Grobraster Ihrer Persönlichkeit. Selbstverständlich ist unser Horoskop komplexer, unser ganzes Wesen reicher und vielfältiger, als das Grundmuster Aszendent/Sonne es zu zeigen vermag. Für einen ersten Überblick, der den Schwerpunkt und den Grundriss unseres inneren Bauplans beschreibt, genügt es jedoch durchaus, unseren Aszendenten und unseren Sonnenstand zu verstehen, denn sie verkörpern die Grundstruktur unserer Persönlichkeit.

Die Sonne ist das Zentrum unseres Sonnensystems. Sie ist das Muttergestirn, dem der Mond und alle Planeten untergeordnet sind.

Das versteht sich auch astronomisch von selbst: Die Sonne ist das Zentrum unseres Sonnensystems, der Mond und die Planeten sind ihr zu- und untergeordnet. Der Aszendent (ascendere = aufsteigen) ist das Zeichen, das im Augenblick unserer Geburt am Himmel aufsteigt. Der Astrologe Stephen Arroyo sagt, »man solle sich den Herrscher des Aszendentenzeichens vorstellen wie einen König, der hinter den Kulissen die anderen Horoskopelemente – Planeten, Häuser und Zeichen – ›beherrscht‹. Sie können sich gleichsam nur innerhalb seiner Vorgaben bewegen.«

Anhand eines Beispiels verdeutlichen wir diese Aussage: Wenn jemand einen Zwillinge-Aszendenten hat, dessen Herrscher Merkur ist, färbt dieser das Horoskop mit seiner beweglichen, neugierigen und kommunikativen Art ein, schnell und wissbegierig, aber auch ein bisschen oberflächlich und unberechenbar. Hermann Meyer nennt den Aszendentenherrscher unsere »Grundanlage«, die den anderen Anlagen (Planeten) vor- und übergeordnet ist.

Der Aszendent wurde an dieser Stelle nochmals erwähnt, weil man Sonne und Aszendent am besten verstehen kann, wenn man sie miteinander vergleicht. Alles, was Sie bereits aus dem ersten Kapitel des Buches über den Aszendenten wissen, können Sie hier noch einmal im Zusammenhang mit der Sonne sehen.

Die Sonne: das handelnde Ego, der Held

Die wesentliche Frage ist: Wer oder was kann die Aszendentenanlage verwirklichen? Wer ist sozusagen der Held, der die Anlage aus dem Dornröschenschlaf weckt? Das ist und vollbringt unser Ego, die Sonne. Mit ihrer schöpferischen Energie ist es die Sonne in uns, die dem Aszendenten das Leben spendet, indem sie ihn zu seiner Verwirklichung führt.

Die Sonne verwirklicht mit ihrer Leben spendenden Energie die Anlagen der einzelnen Aszendenten. Sie ist die Handelnde, während der jeweilige Aszendent das Sein repräsentiert.

Solange ich »nur« Anlage bin, bin ich zwar ein menschliches Wesen, aber kein Individuum, keine Person. Individualität gewinne ich erst, indem ich mich selbst immer wieder neu erschaffe: Durch meine Sonne, mein handlungsfähiges/handelndes Ego trete ich aus dem bloßen Menschsein heraus und werde Person. Das ist in der Tat eine Leistung, die einen Helden erfordert. Wir tragen alle verschiedene Helden in uns (jeder den seinen): kühne, wilde und laute, aber auch leise, sanfte und dabei nicht minder wirksame Heldenfiguren.

Auf eine Formel gebracht, können wir Aszendenten und Sonne so beschreiben:

AC Der Aszendent ist das **Sein** ☉
Die Sonne ist das **Tun**

oder:

☉ Ich **bin** mein Aszendent **AC**
Ich **handle/verhalte mich** wie meine Sonne

Die zwei Aufgaben der Sonne

Die Sonne taucht im Horoskop mehrmals auf. Einmal steht sie in einem bestimmten Sternzeichen, so kennt man sie auch im Allgemeinen. Deshalb muss das nicht ausführlich erläutert werden. Ihre beiden eigentlichen Aufgaben im Horoskop sind daraus zu ersehen, in welchem Haus sie steht und über welches Haus sie herrscht. Das Haus ist sofort zu erkennen, und auch als Herrscher ist sie ganz einfach auszumachen: Man muss lediglich nachsehen, welche Häuserspitze im Löwen liegt, da die Sonne dem Sternzeichen Löwe zugeordnet ist.

Nur wenn die Sonne im Löwen steht, stimmen die »natürlichen« mit den »persönlichen« Häusern überein.

Analog zum Aszendenten, bei dem es ein einziges Mal eine Übereinstimmung der natürlichen mit den persönlichen Häusern gibt (Aszendent Widder), gibt es auch bei der Sonne einmal diese Konstellation: wenn die Sonne im Löwen steht. In diesem besonderen Fall hat der Horoskopeigner beides auf einem Fleck.

Für alle anderen, deren Sonne nicht im Löwen steht, gilt: Das Haus, in dem die Sonne herrscht (= Löwe-Haus), ist mein Thema, mein inneres Anliegen. Das Haus, in dem die Sonne steht, ist mein konkreter Lebensbereich.

Inneres Anliegen und konkreter Lebensbereich

Dort, wo die Sonne herrscht, im Löwe-Haus, ist mein Thema: Was will ans Licht? Was will geboren werden? Welches Thema will sich verwirklichen?

Dort, wo die Sonne steht (= das Haus, in dem sie sich befindet), ist das Gebiet, der konkrete Lebensbereich, in dem ich handeln muss: Wo will es ans Licht kommen? Wo kann ich mein Thema/mein Anliegen am besten verwirklichen? Wo muss ich mich im Verhalten zum Ausdruck bringen?

Michael Roscher sagt dazu: »Da, wo die Sonne herkommt, dort ist die Musik (der Inhalt), da, wo die Sonne steht, da spielt die Musik (Form).« Das hieße dann, um beispielsweise dieses Bild beizubehalten, dass jemand Bach im Gasthaus spielt.

Die folgenden Beispiele mögen das verdeutlichen:

Sonne – Herrscher von Haus zwei in Haus zehn:

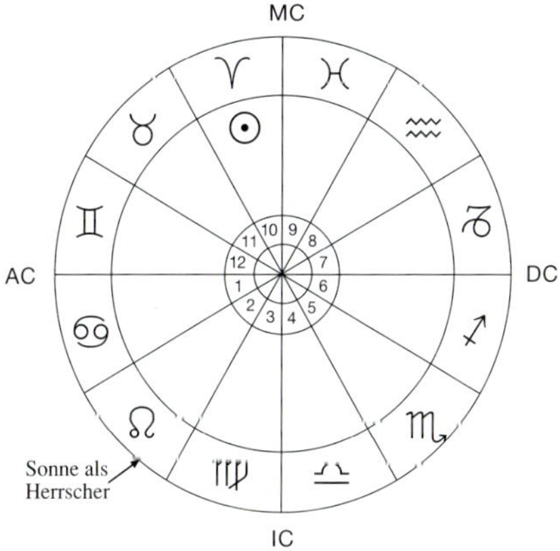

Thema, Anliegen: Sicherheit verwirklichen (= Herrscher Haus zwei)
Gebiet, Lebensbereich: Im Beruf (= Haus zehn)

Die wesentlichen Aufgaben der Sonne in unserem Horoskop sind daraus zu ersehen, in welchem Haus sie steht und über welches Haus sie herrscht.

Sonne – Herrscher von Haus neun in Haus drei:

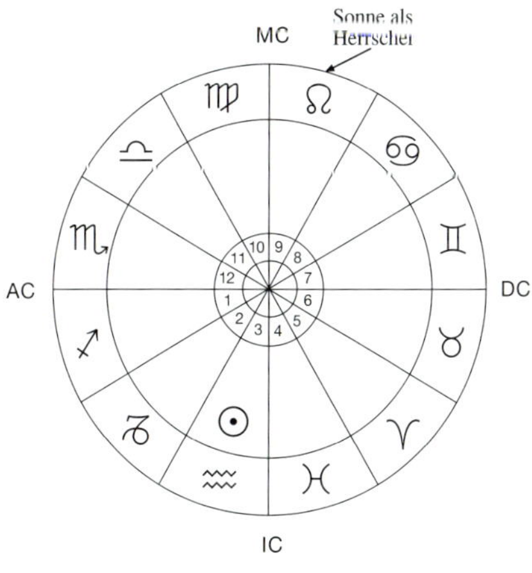

Thema, Anliegen: Sinnfindung durch Weltanschauung mittels Einsicht in Philosophie, Religion, Bildung (= Herrscher Haus neun)
Gebiet, Lebensbereich: Den Sinn des Lebens finden, indem z.B. Bildung und Kultur dargestellt und vermittelt werden (= Haus drei), z.B. als Schauspieler oder Lehrer

Die Sonne in den Zeichen und Häusern

Die Sonne im Widder – der Kämpfer und der Sieger

Die Sonne in Haus eins – der gesunde Egoismus oder Durchsetzung und Bei-sich-selbst-Sein

Die Sonne im ersten Haus fordert Sie auf, eigenständig und selbstbewusst zu handeln, um die Befriedigung Ihrer Bedürfnisse zu erfahren.

»Ich bin die Sonne«, sagt Ihr Aszendent. Oder: »Wenn ich nicht raus darf, gehe ich mit ihr unter!« D.h., Sie haben hier keine Wahl: Entweder Sie setzen Ihre Bedürfnisse und Interessen durch – und diese sind immer unmittelbar an Ihren Körper gebunden – oder Sie werden krank, Ihre Sonne wärmt Sie nicht mehr, spendet Ihnen kein Leben. Handeln Sie eigenständig und selbstbewusst, auch wenn man Sie als Egoisten beschimpft!

Die Lektion der Sonne in Haus eins ist schwer zu erlernen: Ich muß mich selbst um die Befriedigung meiner Bedürfnisse kümmern, niemand außer mir selbst tut das für mich. So muss ich auch selbst für mein Empfinden von Lust und Frust, das Gefühl, aus der Fülle oder im Mangel zu leben, die volle Verantwortung tragen.

Sie haben die Gabe zu führen. Nur müssen Sie wagen, Ihre Lebendigkeit, Ihre Vitalität durchzusetzen. Im Grunde sind Sie ein Kämpfer, eigenwillig und stolz. Es ist keine Schande, Sieger zu sein.

Die Sonne als Herrscher von Haus eins (= Löwe als Aszendent)

Ihr tiefstes Anliegen, Ihre Motivation:
Lebendigkeit

Ich möchte lebendig sein:
- Aus dem Herzen handeln
- Gefühle schöpferisch ausdrücken = kreativ sein
- Eigenständig die Initiative ergreifen
- Meine Lebenskraft durchsetzen und meine Anlage leben

Sonne im Stier – der Besitzer und der Bewahrer

Die Sonne in Haus zwei – die Sicherung der Existenz oder Erwerb und Erhalt der Substanz

Hier werden Sie zu hören bekommen, Sie seien ein Materialist. Richtig, das sind Sie – u. a. – auch, aber es kommt dabei ganz darauf an, ob es Ihnen gelingt, Geld und Besitz als Mittel zum Zweck oder als Ersatzbefriedigung zu verwenden. Handeln Sie guten Gewissens im Sinne Ihres persönlichen Sicherheitsstrebens, schaffen Sie sich das finanzielle Polster, das Ihnen Existenzängste nimmt, seien Sie stolz auf Ihren Sinn fürs Praktische und Reale, Ihre Ausdauer und Beständigkeit. Aber vergessen Sie nie: Geld und Besitz sind nur die eine Seite des Materiellen. Substanz ist alles, was man greifen, sehen, riechen und schmecken kann, Substanz ist auch Ihr eigener Körper. Nehmen Sie Geld und Besitz und das Gefühl der Sicherheit, das Ihnen daraus erwächst, als Mittel zum Zweck des Genusses: Genießen können mit allen Sinnen – gern auch im Kreise geselliger Menschen – ist das Beste an Ihrer Sonne im zweiten Haus.

Das hervorragendste Merkmal Ihrer Sonne im zweiten Haus ist die Fähigkeit, im Kreis von Freunden oder allein nach Herzenslust zu genießen.

Die Sonne als Herrscher von Haus zwei (= Löwe als Häuserspitze zwei)

Ihr tiefstes Anliegen, Ihre Motivation:
Existenzielle Sicherheit
Ich möchte mich sicher fühlen:
- Revier und Besitz gegen fremden Übergriff abgrenzen
- Einen sicheren Platz in der Gruppe haben
- Das Leben genießen, es ist eine sinnliche Angelegenheit

Die Sonne im Zwilling – der Schauspieler und der Vermittler

Die Sonne in Haus drei – die Selbstdarstellung oder Information und Kommunikation

Die Sonne im dritten Haus ist die beste Voraussetzung für die Kunst des Schreibens mit den Medien als Instrument des Vermittelns.

»Immer brauchst Du den ›großen Auftritt‹«, wird man Ihnen hier sagen. Auch daran ist ein Körnchen Wahrheit, denn eitel sind Sie durchaus. Die Frage ist allerdings, ob Sie es überhaupt wagen sich darzustellen, zu Ihrer exhibitionistischen Seite zu stehen. Ob Sie sich zeigen oder lieber verstecken: In jedem Fall ist das Sich-zur-Schau-Stellen, die Selbstdarstellung mittels Gestik, Mimik, Sprache oder Gesang der Lebensbereich Ihrer Sonne. Vielseitige Möglichkeiten stehen Ihnen in diesem Feld zur Verfügung: der sprechende Körper des Tänzers oder der Redner, der Schauspieler, der Sänger, der Musiker, die mit Sprache und Ton den Raum füllen. Das dritte Haus beschreibt »die Funktion des Körpers im Raum« – die Demonstration. Immer geht es um ein Stück Schauspielerei, das Sich-selbst-Kommunizieren. Sie sind der geborene Vermittler. Deshalb gehören zu diesem Lebensfeld auch das Schreiben (Journalismus und Schriftstellerei) und in diesem Zusammenhang die Medien als Instrument des Vermittelns. Mag Ihre Eitelkeit Ihnen auch vielfach ein schlechtes Gewissen bereiten – sie hat durchaus ihren Sinn, wenn die Menschen, die Sie erreichen, von Ihnen lernen können!

Die Sonne als Herrscher von Haus drei (= Löwe als Häuserspitze drei)

Ihr tiefstes Anliegen, Ihre Motivation:
Die lebendige Darstellung
Ich möchte mich kreativ darstellen:

- Hört und seht mich, wenn ich zu euch spreche
- Lest mich, wenn ich schreibe
- Vernehmt mich, wie immer ich mich vermittle
- Ich liebe die Medienwelt, weil sie vernehmbar vermittelt

Die Sonne im Krebs – die fürsorgliche Mutter und das geborgene Kind

Die Sonne in Haus vier – die seelische Verwurzelung oder das Gefühl als Handlungsgrundlage

Das vierte Haus ist ein Gebäude im eigentlichen und übertragenen Sinn. Seine konkrete Seite ist unser Heim, gleichsam die äußere Gebärmutter, die wir um uns herum bauen, damit sie uns Geborgenheit vermittelt, in der wir uns vollkommen geschützt fühlen. Rückzug ins Nest, Zeit, um zu Hause zu sein, Häuslichkeit leben, das ist ein Wirkungsfeld, das unsere Sonne hier leuchten macht. Ein Garten, ein Stück Natur, Natur in all ihren vielfältigen Formen stärkt dieses Gefühl der Verbundenheit. Damit steigen wir symbolisch einen Stock tiefer: Die Sonne sperrt Sie nicht etwa ins vierte Haus ein – als Heimchen am Herd, Hausfrau und Hausmann und den damit verbundenen alltäglichen Pflichen. Sie schickt Sie in Ihr inneres Haus, in Gefühl, Empfinden, Emotionalität, den Ort Ihrer »ersten Natur«, den Innenraum Ihrer Seele. Sich in sich selbst zu Hause fühlen, sich selbst Mutter und Kind sein, Wärme verbreiten, Wohlbefinden und Geborgenheit schenken – das ist die Gabe der Sonne im vierten Haus. Leben Sie aus Ihrer persönlichen seelischen Eigenart, denn Sie müssen aus Ihrem Gefühl heraus handeln können. Spüren Sie immer wieder in sich selbst hinein, ziehen Sie sich im doppelten Sinne zurück: Im Innenraum Ihres Heims und Ihres »inneren Hauses« ist es auch möglich, seelische Prozesse künstlerisch zu verarbeiten. Manchmal ist es sogar möglich, dass man seinen Beruf zu Hause ausüben kann und die anfallenden Tätigkeiten glänzend bewältigt.

Die großartige Gabe der Sonne im vierten Haus ist Wohlbefinden und Geborgenheit schenken sowie Wärme verbreiten.

Die Sonne als Herrscher von Haus vier (= Löwe als Häuserspitze vier)

Ihr tiefstes Anliegen, Ihre Motivation:
Emotionale Identität (= seelische Eigenart)

Ich möchte mich seelisch verwurzeln:
- Aufgehoben und geborgen sein
- Umfangen und getragen sein
- Mein Gefühl fließen lassen
- Kind und Mutter zugleich sein

Die Sonne im Löwen – der Schöpfer und das göttliche Kind

Die Sonne in Haus fünf – die Kreativität oder eigenständiges Handeln und Gestalten

Die Aufgabe der Sonne im fünften Haus besteht darin, kreativ zu sein, sich selbst zu verwirklichen. Gefühl soll in Handlung verwandelt werden.

Im fünften Haus gilt es nun, Ihr Gefühl zum Ausdruck zu bringen, aus der Quelle Ihrer seelischen Eigenart zu schöpfen, um sie zu konkretisieren. Diesen schöpferischen Akt nennen wir Selbstausdruck. Das fünfte Haus ist das Haus der Kreativität. Wenn ich Gefühl in Handlung verwandle, schaffe ich Ergebnisse, Folgen – diese manifestieren sich in der konkreten Gestalt meiner Werke. Der Reigen menschlicher Kreationen ist bunt: Auf der biologischen Ebene sind es die Kinder, auf der ökonomischen Ihr Geschäft, auf der geistigen mag es ein Buch sein, ein Bild oder eine Erfindung – all dies gezeugt und geboren, weshalb zum fünften Haus auch die Sexualität gehört. Die Sonne weiß hier, dass Sexualität mehr ist als Spaß und Konsum: Sie ist Ausdruck des Lebens, der Unmittelbarkeit eines spielenden Kindes. Gerne und lange sind Sie dieses spielende Kind. Bleiben Sie so – und werden Sie dennoch erwachsen!

Die Sonne als Herrscher von Haus fünf (= Löwe als Häuserspitze fünf)

Mein tiefstes Anliegen, meine Motivation: Selbstausdruck
Ich möchte mich selbst verwirklichen:
- Selbstbewusst und eigenständig handeln
- Spielerisch, kreativ und spontan sein dürfen
- Meine Sexualität als schöpferischen Akt erleben

Die Sonne in der Jungfrau – der Diener und der Ökonom

Die Sonne in Haus sechs – die Anpassung oder die Aussteuerung durch die Umweltbedingungen

Das sechste Haus zeigt, dass unser einzigartiges Ego begrenzt ist, nämlich überall dort, wo es seiner Umwelt begegnet. Die jeweils gegebenen Voraussetzungen und die damit verbundenen Sachzwänge bremsen die Schrankenlosigkeit unserer Subjektivität, denn das, was wir wollen und sind, ist unmittelbar abhängig von dem, was gerade ist. Immer wird unser Fühlen und Handeln situationsbedingt sein. So führt Sie das sechste Haus durch das Nadelöhr der Anpassung an die Umweltbedingungen, die Ihr Ego in ein größeres Ganzes einfügen. Ihre Sonne hat in diesem Haus eine ganz besondere Aufgabe: Sie muss leuchten, ohne zu strahlen. Ihr mildes Licht soll uns daran erinnern, dass ein Ego, eingefügt in die Ordnung des Faktischen und Realen, seine persönliche Würde durch selbstbewusstes Dienen erhält. Der Dienst am Lebendigen ist Ihre Aufgabe. Sie brauchen klare Strukturen im geordneten Wirkungsbereich einer Arbeitswelt, die Kompetenzen zuteilt und abgrenzt. Hier können Sie einen sinnvollen Beitrag erbringen – leistungsbewusst und diszipliniert, maßvoll und umsichtig, als guter Beobachter und sicherer Diagnostiker mit dem Blick für das Machbare. Im Dienst am einzelnen Menschen folgen Sie der Vernunft: Sie sehen, nutzen und verwerten, was da ist, ohne Duckmäuserei. Sie sind weder Mitläufer noch Arbeitstier – das ist im guten Sinne berechnend. »Der Schlaf der Vernunft gebiert Ungeheuer« – Ihre Umgebung braucht Ihr vernünftiges Wirken!

Die Sonne im sechsten Haus führt Sie zu der Fähigkeit, sinnvolle Beiträge zu Ihrer Arbeitswelt zu leisten – leistungsbewusst und diszipliniert.

Die Sonne als Herrscher von Haus sechs (= Löwe als Häuserspitze sechs)

Ihr inneres Anliegen, Ihre Motivation:
Lebendigkeit durch Dienen

Ich möchte durch Dienen meiner Lebendigkeit einen Dienst erweisen:

- Auch sich selbst dienen, indem man vernünftig mit seinen Kräften umgeht
- Als Diener selbstständig sein (untergeordnete Arbeit soll eigenständig und schöpferisch sein)
- Selbstverwirklichung durch Arbeit
- Selbstsicherheit durch Vernunft

Die Sonne in der Waage – das Paar und der Ausgleich

Die Sonne in Haus sieben – die Begegnung oder der persönliche Kontakt zu den anderen

Mit der Sonne im siebten Haus besitzen Sie die großartige Fähigkeit, Menschen begegnen zu können, den persönlichen Kontakt zum Du herzustellen.

Mit dem siebten Haus betreten wir den dritten Quadranten und begegnen dem uns ergänzenden und bereichernden Du. Der Partner und alle Menschen, die zu persönlichen Gefährten werden, erreichen uns durch den unserem Aszendenten gegenüberliegenden Deszendenten, durch das siebte Haus. Ich, das Subjekt, begegne dem Du, das zugleich ein Teil von mir ist. Ich kann nur dem begegnen, was in mir ist, anderes nehme ich nicht wahr. Aus diesem Grund nennt man den Du-Quadranten auch den geistigen Quadranten. Ich projiziere innere Bilder des anderen als geistige Muster nach außen. Von dort kommen sie wieder zu mir zurück.

Wenn Ihre Sonne in diesem Haus steht, fühlen Sie sich erst wirklich lebendig, wenn Sie anderen Menschen begegnen. Sie brauchen den persönlichen Kontakt zum Du. Freuen Sie sich über Ihre Begegnungsfähigkeit, die Bedeutung, die Sie für die Menschen haben, die Ihnen nahe stehen – vor allem für Ihren Partner. Was immer Sie tun – sich dem anderen zuwenden in Verbundenheit, partnerschaftlicher Austausch auf einer ganz persönlichen Ebene –, es ist zentraler Lebens- und Handlungsbereich Ihrer Sonne.

Allerdings steckt gerade darin auch Ihre Falle: Der schmale Grat zwischen Begegnungsfähigkeit und Begegnungsabhängigkeit führt oftmals dazu, sich nicht nur zu sehr nach seinem Partner zu richten, sondern sich über diesen zu definieren. Passen Sie auf, dass der andere nicht zum Ersatz Ihres Selbst wird! Spüren Sie die Wärme und Kraft, die Nähe geben kann, lernen Sie, indem Sie lieben. Verschwinden Sie aber nicht in Ihrem Gegenüber, denn Partnerschaft braucht zwei Menschen!

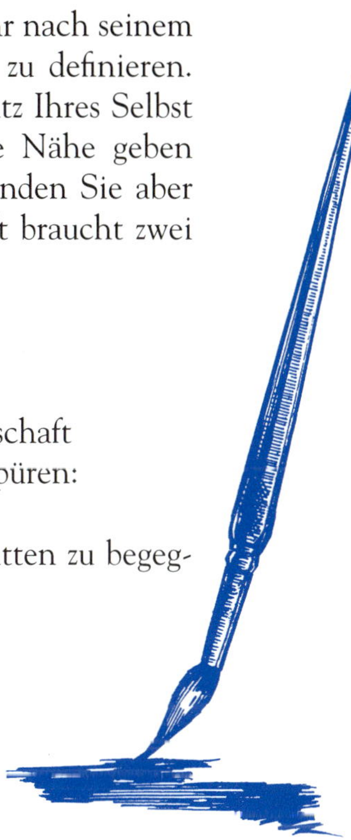

Die Sonne als Herrscher von Haus sieben
(= Löwe als Häuserspitze sieben)

Ihr tiefstes Anliegen, Ihre Motivation: Partnerschaft
Ich möchte in einem Du meine Lebendigkeit spüren:

- Durch den Partner finde ich zu mir selbst
- Durch den anderen lerne ich, meinem Schatten zu begegnen, ohne Schatten bin ich nicht ganz
- Zentrum von Begegnungen sein
- Kreativ mit Begegnungen umgehen
- Künstlerkonstellation

Die Sonne im Skorpion – der Machthaber und der Ideologe

Die Sonne in Haus acht – die Verbindlichkeit oder das Lebensprogramm mit Prinzipien und Wertmaßstäben

Mit der Sonne im achten Haus wird man Sie um Ihre Konsequenz, die Fähigkeit, unbeirrbar und folgerichtig zu handeln, beneiden. Selbst wenn Sie selbst sich schwach fühlen. Es ist in der Tat Ihre große Stärke, Verbindlichkeit zu leben, klare Prinzipien zu haben, nach denen Sie handeln – ein Mensch zu sein, der auf schnelle Triebbefriedigung zu Gunsten höherer Wertmaßstäbe verzichten kann. Sie brauchen etwas, »die gute Sache«, wofür Sie sich hingebungsvoll engagieren können. Ein starker Wille, verhaltene Leidenschaft und Intensität bestimmen Handeln und Selbstausdruck. Doch wie so oft, wenn Kräfte in uns extrem angelegt sind, leben wir sie

Durch den Partner zu sich selbst zu finden, birgt die Gefahr, sich zu sehr nach diesem zu richten.

Die Sonne im achten Haus gehört lange Zeit nicht uns selbst, denn wir opfern unsere Interessen den Erfordernissen der Sippe.

nicht, sondern sind wie gelähmt, weil wir uns unbewusst vor uns selbst fürchten. Lieber lassen wir uns von anderen beherrschen und uns deren Prinzipien aufzwingen: Statt unseren eigenen Weg konsequent zu gehen, folgen wir fremden Programmen. Die Sonne des achten Hauses gehört lange Zeit nicht uns selbst, denn wir leben die Erfordernisse und Wertmaßstäbe der Sippe. Ohne zu wissen, dass wir im Namen der Sippe, der Familie agieren, verlieren wir den Bezug zur Wirklichkeit, vor allem der eigenen. Wir opfern unsere vitalen Bedürfnisse und Interessen.

Fragen Sie sich, für wen Sie sich derart intensiv engagieren, wessen Programm Sie blindlings erfüllen. Meist ist der Vater oder ein Großvater eine viel zu dominante Person, selbst wenn er eher schwach ist. Lösen Sie sich von dieser Fremdbestimmung, und hören Sie auf, sich unzulänglich zu fühlen. Investieren Sie Ihr außergewöhnliches Potential an vorstellungsbezogener Handlungsenergie in die Planung und das Management Ihres eigenen Lebensprogramms. Dabei können Sie ruhig Ihren Platz in der realen Welt als Manager einnehmen. Was immer Sie machen, es geschieht effizient!

Die Sonne als Herrscher von Haus acht (= Löwe als Häuserspitze acht)

Ihr tiefstes Anliegen, Ihre Motivation:
Lebendigkeit durch/trotz Verbindlichkeit
Ich möchte meine Lebendigkeit in verbindlichen Beziehungen zu Menschen und Werten finden:

- Zuerst mein fremdbestimmtes Lebensprogramm als Sippenprogramm durchschauen und begreifen
- Mit dem Partner zusammen das Leben entdecken, indem ich mich aus der anfänglichen Symbiose löse
- Mit dem Partner Selbstbestimmung lernen, indem ich gemeinsame Machtspiele aufgebe
- Das Leben hinter dem Lebensprogramm spüren, da Programme die Lebendigkeit töten

Die Sonne im Schützen – der Mentor und die Sinnsuche

Die Sonne in Haus neun – die Großzügigkeit oder expansives, tolerantes Handeln

Sie sind beliebt! Man schätzt Ihre Toleranz und Ihre Großzügigkeit. Es bereitet Ihnen Freude, Menschen wohlwollend gegenüberzutreten, sie zu fördern und zu ermutigen, indem Sie sie an Ihrem Glauben teilhaben lassen, dass wir trotz aller Niederlagen auch Gewinner sein können. Ihr expansives, zukunftsorientiertes Handeln ist immer auch auf Ihre soziale Umwelt bezogen. Man schätzt Ihre Einsicht, Ihr konstruktives Vertrauen. Man erwartet Ihren Rat und Ihre Unterstützung. In Ihrem Bedürfnis nach Zukunft, Fülle und Großräumigkeit suchen Sie vielfältige Interessen, Themen und Lebensbereiche miteinander zu verbinden. Weit auseinander Liegendes zueinander zu führen, beflügelt Ihr Handeln.

Die Sonne im neunten Haus fördert Ihr Verständnis und Ihre Einsicht in die Bedürfnisse des Lebens. Ihre Unterstützung in jeglicher Hinsicht ist erwünscht.

Vielleicht gestehen Sie sich Ihren geistigen Führungsanspruch nicht ein: Sie wünschen Anerkennung nicht nur aufgrund Ihres positiv motivierenden Wesens und Ihrer sozialen Kompetenz. Sie wollen auch Ihrer geistigen Fähigkeiten wegen anerkannt sein. Haben Sie Mut, Ihrer Sonne Flügel wachsen zu lassen! Gehen Sie auf Reisen, bilden Sie sich auf Streifzügen durch den Globus und die Oasen des Geistes – das neunte Haus steht für die »großen Reisen« der Sinnsuche, die Bildungsreisen des Geistes in philosophisches und geografisches Neuland. Je weiter der Horizont, je reicher das Wissen, das Sie nach Hause tragen, desto stabiler der Sinn, in dem Sie sich geborgen erleben. So wächst auch der Mut, die eigene Weltsicht darzustellen – denn erst dann haben Sie eine!

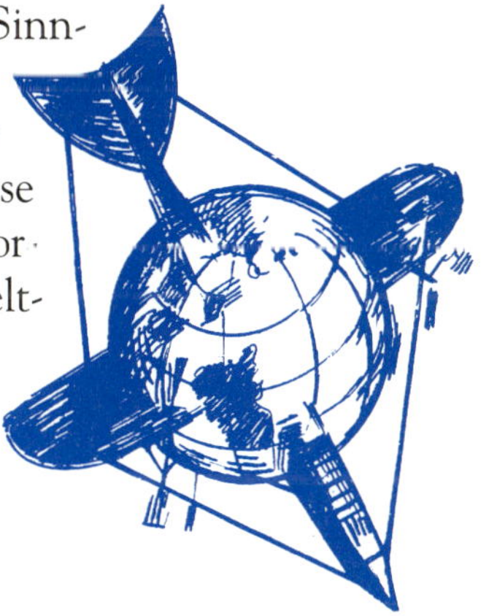

Die Sonne als Herrscher von Haus neun (= Löwe als Häuserspitze neun)

Ihr tiefstes Anliegen, Ihre Motivation:
Sinnfindung durch Einsicht in geistige Werte

Ich möchte meine Lebendigkeit im kreativen Umgang mit Wissen spüren:
- Alles in einem sinnhaften Ganzen geborgen erleben
- Verständnis und Einsicht für die Bedürfnisse des Lebens
- Mein Leben als Bildungsreise
- Leben und Geist versöhnen

Die Häuser eins bis neun (Quadranten eins bis drei, Zusammenfassung)

Das gesamte Horoskop ist der Entwicklungsweg des Menschen, auf dem jedes einzelne Haus ein Lebensgebiet darstellt.

Wenn man sich das gesamte Horoskop nochmal als Entwicklungsweg des Menschen vor Augen führt, auf dem jedes Haus ein Lebensgebiet darstellt, so betreten wir mit dem nachfolgenden zehnten Haus den »überpersönlichen« oder »gesellschaftlichen« Quadranten. Fassen wir kurz den Weg von Haus eins nach Haus zehn noch einmal zusammen:
Haus eins mit drei (erster Quadrant) bezogen sich auf unsere Körperlichkeit, Triebe, Instinkte, elementare Bedürfnisse und Neigungen, Haus vier mit sechs (zweiter Quadrant) beschrieben unsere Emotionalität, die seelischen Prozesse in ihrem Dreischritt Ge- fühl/Gefühlsausdruck/Gefühlsanpassung. Die Häuser sieben mit neun (dritter Quadrant) zeigten den Lebensbereich, wo wir dem Du, dem Anderen begegnen und in Beziehung treten.

Die Häuser zehn bis zwölf, der vierte Quadrant

Der vierte Quadrant nun zeigt uns auf unserem Platz in der Gesellschaft. Hier begegnen wir Recht und Gesetz, das uns als Einzelne in die Gemeinschaft einfügt.
Das zehnte Haus beschreibt unseren Status, unsere Position in der Öffentlichkeit eines durch Rechtsnormen, d.h. durch gesellschaftliche Spielregeln geordneten Gemeinwesens. Daher ist das zehnte Haus das Haus des Berufs, auf einer tieferen Ebene das der Berufung. Hier – wie auch in Haus elf und

zwölf – sind wir als Einzelne mehr und zugleich weniger. Privates, Individuelles wird öffentlich, vergesellschaftet – Subjektives, Persönliches objektiviert: entpersönlicht in einem beschränkenden Sinn, es wird überpersönlich in einem ordnenden, strukturierenden Sinn.
Sich einfügen als soziales Wesen bedeutet beides: ein Stück Opferung des Egos und seines individuellen Bedürfnisses nach unmittelbarem Selbstausdruck, zugleich gibt es den Halt, den ein Gemeinwesen schaffen kann. Schließlich macht es uns deutlich, eine Berufung zu haben, vom Schicksal in eine Finalität eingebunden zu sein – einen höheren Zweck, ein Ziel, das über uns hinausweist; einem Gesetz zu gehorchen, das uns mit dem »Wirklichen« verbindet, welches mehr ist als das Reale. Wer will, kann das »Wirkliche« auch das »Göttliche« nennen.

Die Sonne im Steinbock – der Meister und das Gesetz

Die Sonne in Haus zehn – Normerfüllung und Maßstäblichkeit oder die Spielregeln der Gesellschaft

Mit der Sonne im zehnten Haus leben und handeln Sie im Sinne gesellschaftlicher Erfordernisse und Maßstäbe.

Mit der Sonne im zehnten Haus handeln Sie im Sinne gesellschaftlicher Maßstäbe. Das bedeutet ein Stück Opferung, Beschränkung Ihrer emotionalen Eigenart, und dennoch ist eben dies das Gesetz Ihres Egos: im Sinne des Zeitgeists bedeutsam zu werden, mit Ihrer seelischen Eigenart gesellschaftliche Erfordernisse zu leben (Michael Roscher). Verbunden mit intensiver Leistungsorientierung geht es Ihnen nur gut, wenn Sie den Beruf ins Zentrum Ihres Lebens stellen. Ihre Sonne in diesem Haus verlangt danach, Karriere zu machen. Die Frage »Beruf oder Privatleben« führt Sie unweigerlich am Thema vorbei, denn darum geht es hier nicht: Die Sonne ist hier lebendig – in eben diesem und nicht irgendeinem der anderen Häuser/Lebensbereiche! Die Frage, die Sie sich stellen sollten und sicherlich schon gestellt haben, lautet vielmehr: Wie kann ich aufgrund scheinbarer äußerer Zwänge verhindern, in einem unbefriedigenden Beruf zu verkümmern? Wie kann ich meinen Beruf finden, der mir die Gewissheit vermittelt, einer Berufung zu folgen, die zu mir passt? Wenn Sie so fragen, Antwort erhalten und handeln, wird Ihre Sonne lebendig. Sie bleibt es, solange Sie Ihr ureigenes Lebensziel nicht verraten. Zugleich haben Sie Ihre Rechte entdeckt und die Verantwortung für sich selbst übernommen.

Die Sonne als Herrscher von Haus zehn (= Löwe als Häuserspitze zehn)

Ihr tiefstes Anliegen, Ihre Motivation:
Das Recht auf Herzlichkeit und Führung
Ich will lebendig und gesellschaftlich bedeutsam sein:

- Mir meinen Willen bewusst machen
- Mir bewusst machen, was ich will
- Statt Angst vor väterlichen Maßstäben Handlungsvertrauen gewinnen
- Anerkannt sein und trotzdem Eigenes tun
- Warmherzig andere führen, leiten
- Seele und Macht versöhnen

Die Sonne im Wassermann – der Narr und die Freiheit

Die Sonne in Haus elf – Individualität und Nonkonformismus oder Freiheit und Autonomie unter Wahlverwandten

Mit der Sonne im elften Haus wollen Sie die Norm sprengen, etwas Besonderes sein und dafür Anerkennung erfahren.

Die Sonne im elften Haus steht ebenfalls im Bereich des Überpersönlich-Gesellschaftlichen. Auch hier hat sie sich von der seelischen Eigenart fortbewegt, fühlt Tatendrang und Lebendigkeit in der Öffentlichkeit. Was unterscheidet die Sonne im zehnten Haus von der im elften Haus? Mit Ihrer Sonne im elften Haus wollen Sie die Norm sprengen, etwas Besonderes sein, ein Original – als solches suchen Sie Anerkennung. Im Sinne der Norm ist das ein Widerspruch – andererseits wiederum nicht, denn jede Regierung braucht eine Opposition, jede Gesellschaft bedarf der Unangepassten, der Individualisten. Die Konventionellen definieren sich über die Unkonventionellen. Sie würden am liebsten aus dem Zentrum Ihres Egos mit einem kühnen Satz in die Freiheit springen: Was Ihre Sonne will, ist Reform, Erneuerung, Fortschritt – und dabei anders sein als der Durchschnitt.

Im elften Haus vollzieht sich der Prozess der Emanzipation, was nichts anderes bedeutet als die »Befreiung von Herrschaft«: Individualität und Autonomie für mich und die anderen. Dies ist das Haus der Gruppen von Gleichgesinnten und deren freiheitsliebender Aufmüpfigkeit. Im Kreise von Wahlverwandten fühlt Ihre Sonne sich stark und lebendig. Aber Vorsicht: Etwas Besonderes sein heißt, auf den Halt im Konventionellen zu verzichten. Das macht Sie nervös, Ihr Selbstgefühl wird irritiert. Auch begehen Sie gern den Fehler, Konsequenz mit Spießigkeit zu verwechseln. Aus Angst, festgelegt und damit angreifbar zu werden, führen Sie Angefangenes nicht zu Ende, handeln inkonsequent und widersprüchlich. Legen Sie sich fest und handeln Sie folgerichtig, statt Ihre Kräfte in sinnloser Opposition gegen echte und eingebildete Widerstände zu verbrauchen. Stehen Sie zu dem, was Sie sind: ein Individualist. Leben Sie Ihr kreatives Potential und wagen Sie Ihre Freiheit!

Im elften Haus vollzieht sich der Prozess der Emanzipation. Es ist das Haus von Individualisten mit großer Freiheitsliebe.

Die Sonne als Herrscher von Haus elf (= Löwe als Häuserspitze elf)

Ihr tiefstes Anliegen, Ihre Motivation:
Lebendigkeit im Kreise von Gleichgesinnten
Ich will mich unter Wahlverwandten verwirklichen:
- Zu Hause in Gruppen mit gleicher Wellenlänge
- Lebendig in gleichberechtigten Freundschaften
- Gemeinsames Handeln und eigenes Wollen
- »Im gemeinschaftlichen Tun das eigene Wollen dagegensetzen« (W. Schütz)

Die Sonne im Fisch – das Medium und das Verschwinden

Die Sonne in Haus zwölf – Sichtbarmachen der Hintergründe oder das Ich als verlängerter Arm des Zeitgeists

Das zwölfte Haus ist das letzte im Kreis und zugleich das erste – Anfang und Ende, Alles und Nichts.

Das zwölfte Haus ist das letzte im Kreis und zugleich auch das erste, wenn man den Weg des Siebenjahresherrschers beschreitet – Anfang und Ende, Alles und Nichts, eine Art kosmische Gebärmutter, aus der wir kommen und zu der wir zurückkehren. Daraus ergeben sich zwei scheinbar widersprüchliche Ausdrucksformen, die aber dennoch zusammengehören.

Zum einen steht das zwölfte Haus für alle Bereiche der Abgeschiedenheit: eine, die ich wähle, um mich zurückzuziehen vom Treiben der Welt, die Klause, das Kloster, jede Art von »Einsiedelei«, die andere, die ich gezwungenermaßen aufsuchen muss, wenn ich den gesellschaftlichen Erfordernissen nicht genüge, nämlich Anstalten wie Heime, Spitäler, Gefängnisse – wobei ich diese auch freiwillig als berufliches Betätigungsfeld wählen kann. Das zwölfte Haus ist die Blaupause des zehnten Hauses: Jene, die nicht in der Lage und/oder nicht willens sind, den Spielregeln der Gesellschaft zu folgen, erscheinen als Negativ des Selbstbildes einer Gesellschaft.

Wie aber passt nun die Abgeschiedenheit, der Rückzug – im positiven Sinn freiwillig gewählt, als Chance des Alleinseins oder aus dem Bedürfnis zu helfen und zu heilen, negativ erlebt als die Einsamkeit des Hilflosen, der sich weggesperrt, ausgegrenzt fühlt – wie also passt dieses »Aus-der-Welt-sein« zu gesellschaftlich Erfolgreichen? Wenn das zwölfte Haus die Blaupause, das Negativ des zehnten Hauses ist, dann verkörpern Erfolgreiche das, was die Norm konstituiert und definiert, nämlich die Hintergründe, die psychologischen Ursachen dieses Gesellschaftssystems – die Wirklichkeit hinter der äußeren Form. D.h., dass sie als Menschen, die im Rampenlicht stehen, keine Einzelwesen sind. Sie sind vielmehr »Symbole«, sie verkörpern den Zeitgeist. Der Zeitgeist weht durch sie hindurch, sie sind und sie leben Zeitströmungen, unabhängig von ihrer eigenen Individualität.

Der Zusammenhang zwischen Menschen des zwölften Hauses, die in der Abgeschiedenheit leben, und solchen, die in der Öffentlichkeit stehen, besteht darin, dass sie beide zeigen, was hinter der sichtbaren Form gesellschaftlicher Realität verborgen liegt. Wenn Sie also die Sonne im zwölften Haus haben, leiden Sie nicht zu sehr, sollten Sie irritiert und hilflos feststellen, dass Sie, sich selbst entfremdet, wie im Nebel Ihr Ziel suchen und es nicht finden. Empfinden Sie keine Angst, sollte Sie das Gefühl beschleichen, Ihr Ego, Ihr Wille lösten sich auf, es fehle Ihnen eine fest umrissene Identität. Es geht überhaupt nicht darum! Öffnen Sie sich vertrauensvoll dem Zeitgeist, der Sie wie ein Medium gebraucht, um die Wahrheit hinter der Ordnung, dem System sichtbar zu machen, die dieses überhaupt erst ermöglicht und begreiflich macht. Was immer Sie tun – in einem Häuschen im Wald, einer Institution für die Weggesperrten oder gar im Rampenlicht der Öffentlichkeit: Lassen Sie sich bei der Hand nehmen und den Zeitgeist in Ihnen für Sie handeln!

Das zwölfte Haus steht einerseits für die Abgeschiedenheit, andererseits auch für die Öffentlichkeit. Beide Bereiche zeigen, was hinter der sichtbaren Form gesellschaftlicher Realität verborgen liegt.

Die Sonne als Herrscher von Haus zwölf (= Löwe als Häuserspitze zwölf)

Ihr tiefstes Anliegen, Ihre Motivation:
Leben lernen durch Helfen und Heilen
Ich will stark werden und schwach sein dürfen:

- Handeln können, ohne hilflos zu sein und dennoch zu meiner Hilflosigkeit stehen
- Die Hintergründe spüren, die Wahrheit hinter den äußeren Formen
- Mich vollkommen einfühlen, hingeben und dennoch tatkräftig eingreifen
- Indem ich heile und helfe, heile ich mich selbst

Die Bedeutung des Siebenjahresherrschers

Wir kennen den Einfluss, den der Aszendent, die Häuser und die Sonne auf unsere persönliche Entwicklung nehmen. Sie geben unserem Leben in einem Rhythmus von sieben Jahren eine neue Färbung, eine neue Qualität. Um den momentan gültigen Siebenjahresherrscher zu bestimmen, gehen wir von unserem Aszendenten aus im Uhrzeigersinn rückwärts, also von Haus eins nach Haus zwölf.

Haben wir unseren Siebenjahresherrscher gefunden, liegt es in unserer Hand, die vorherrschenden Aspekte zu beachten, unser Wesen und unseren Charakter zu fördern, unsere zwischenmenschlichen und beruflichen Beziehungen günstig zu gestalten und mögliche vorhandene Gefahren zu erkennen und zu vermeiden.

Anliegen und Verwirklichung

Die Häuser und die Häuserspitzen (Anfänge der Häuser) sind für die Bestimmung des Siebenjahresherrschers sehr wichtig.

Nach der Lektüre des ersten Teils sind Sie nun darüber informiert, welche inneren Anliegen das Sonnenlicht erblicken will (wo die Sonne herrscht). D.h., es geht Ihnen speziell um Inhalte und Themen dieses Hauses. Außerdem wissen Sie jetzt, auf welchem Lebensgebiet Sie am handlungsfähigsten sind (wo die Sonne steht). Das bedeutet, dass Sie Ihre Themen am besten auf dem Gebiet (Haus) verwirklichen, wo Ihre Sonne steht. Herrscht z.B. die Sonne über Haus elf und steht sie in Haus sechs, so werden Unabhängigkeits- und Originalitätswünsche in den Arbeitsbereich getragen. Weiterhin haben Sie Ihren Aszendenten kennen gelernt, Ihre Grundanlage, die andere häufig früher sehen als Sie selbst. Diese Anlage ist sozusagen die Brille, durch die Sie Ihre Themen betrachten. Die Häuser und die Häuserspitzen (die Anfänge der Häuser) sind für die Bestimmung des Siebenjahresherrschers wichtig. Wenn Sie nun Ihren Siebenjahresherrscher erfahren wollen, müssen Sie zunächst drei grundlegende Regeln beachten.

Regeln zur Bestimmung des Siebenjahresherrschers

Regel 1: Sie müssen von Ihren »persönlichen« Häusern, d.h. von Ihrem Aszendenten, ausgehen.

Regel 2: Sie müssen vom Aszendenten aus rückwärts gehen, d.h. nicht von Haus eins nach Haus zwei, sondern von Haus eins nach Haus zwölf.

Regel 3: Sie müssen die Größe der Häuser beachten, d.h. eventuell ein anderes Kapitel hinzuziehen, so dass Alter und Zeichen an der Häuserspitze übereinstimmen.

Das Auffinden Ihres derzeitigen Siebenjahresherrschers

Wenn in Ihrem Horoskop vom Aszendenten weg jedes Haus vom nachfolgenden Zeichen angeschnitten wird, ist das Auffinden der augenblicklichen Zeitqualität kein Problem.

Beispiel: Eine regelmäßige Häuseraufteilung

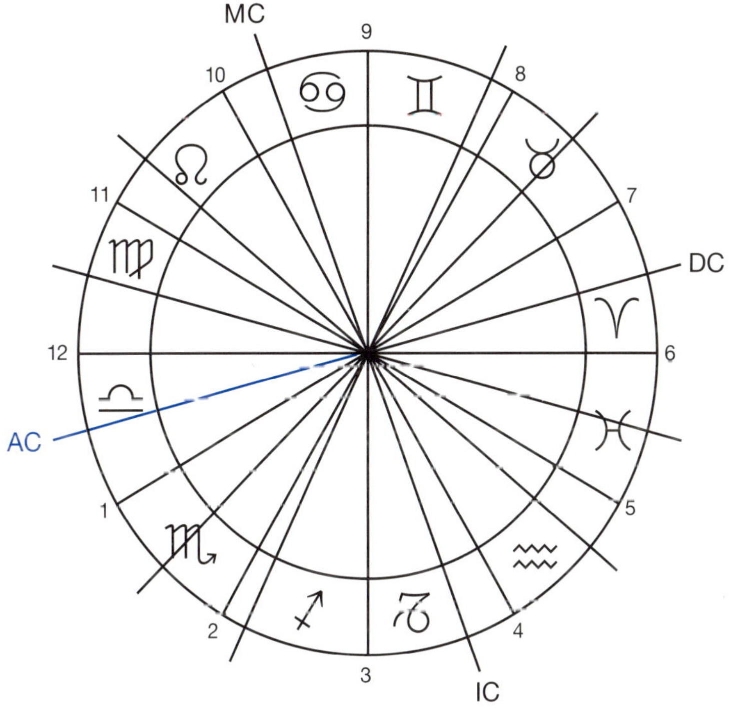

Es kann aber auch vorkommen, dass jemand zwei Häuser in einem Sternzeichen hat, oder dass ein Haus so groß ausfällt, dass es ein ganzes Zeichen überspringt. Das führt automatisch zu einer Verschiebung der Zeitqualität. Trifft dies zu, blättern Sie beim vorangegangenen bzw. nachfolgenden Aszendenten

Hat jemand zwei Häuser in einem Sternzeichen, verschiebt sich die Zeitqualität.

wie in einem Lexikon so lange, bis Sie die Häuserspitze finden, bei der Ihr Alter und das Zeichen des angeschnittenen Hauses übereinstimmen.

Beispiel: Zwei Häuser in einem Zeichen

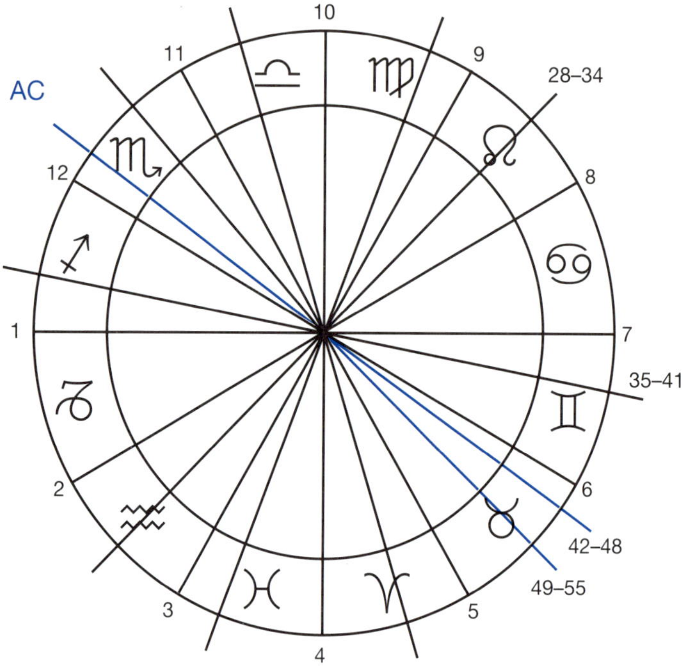

Fällt ein Haus so groß aus, dass es ein ganzes Sternzeichen überspringt, verschiebt sich die Zeitqualität.

Dieser Horoskopeigner ist Aszendent Skorpion. Er hat seinen Lebensabschnitt 42 bis 48 Jahre ganz regulär im Sternzeichen Stier; allerdings befindet sich auch der nächste Abschnitt von 49 bis 55 Jahren in diesem Zeichen, da auch diese Häuserspitze im Stier liegt. Sie müssen deshalb beim der nachfolgenden Aszendentenbeschreibung, dem Schützen, nachsehen, bei dem der Alterszeitraum an der Häuserspitze Stier liegt (vgl. S. 89 f.).

Beispiel: Ein übersprungenes Zeichen

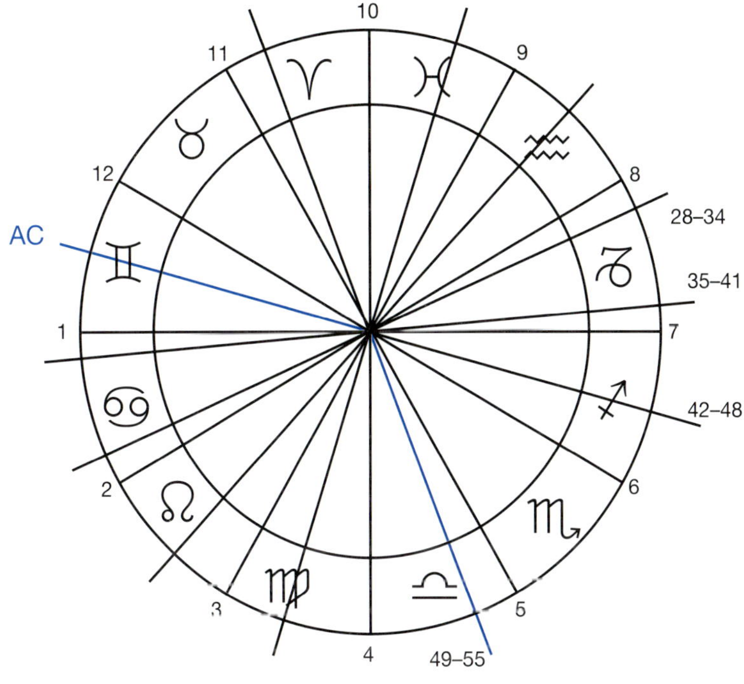

Der nächste Horoskopeigner ist Aszendent Zwillinge. Im Zeitraum zwischen 49 und 55 Jahren wäre die Skorpionfärbung. Weil das Haus den Skorpion jedoch überspringt, müssen Sie unter dem Aszendenten Stier nachsehen. Hier finden Sie unter der Phase 49 bis 55 Jahre die Zeitqualität Waage: Alter und Zeichen des angeschnittenen Zeichens stimmen durch dieses Blättern wieder überein.

Zur Abrundung des Bildes müssen Sie – auch bei Häuserverschiebungen – Ihren Aszendenten mit einbeziehen. Schlagen Sie das Kapitel zu Ihrem Aszendenten auf, und lesen Sie die Zeitqualität des entsprechenden Siebenjahresabschnitts nach, der zu Ihrem Alter passt.

Ihren momentanen Siebenjahresabschnitt finden Sie bei Ihrem Aszendenten unter der für Sie gültigen Zeitqualität.

Wie Sie Ihre Färbung noch genauer bestimmen können

Die Planeten, die den Siebenjahresherrschern zugeordnet sind, bestimmen Ihre persönliche Färbung noch genauer.

Wenn Sie nun nach der Lektüre Ihres entsprechenden Siebenjahresabschnitts noch etwas mehr in die Thematik einsteigen wollen, geben wir Ihnen hier die entsprechenden Hinweise. Zunächst sehen Sie nach, in welchem Haus der Ihrem Siebenjahresherrscher zugeordnete Planet steht. Die komplette Übersicht finden Sie auf Seite 10. Hier noch einmal zur Erinnerung die einzelnen Zuordnungen:

Siebenjahresherrscher	Zugeordneter Planet
Widder	Mars
Stier und Waage	Venus
Zwillinge und Jungfrau	Merkur
Krebs	Mond
Löwe	Sonne
Skorpion	Pluto
Schütze	Jupiter
Steinbock	Saturn
Wassermann	Uranus
Fische	Neptun

Wenn beispielsweise Ihr derzeitiger Siebenjahresherrscher im Krebs steht, müssen Sie also im Horoskop nachsehen, in welchem Haus sich der Mond gerade befindet. Die Thematik dieses angesprochenen Hauses (siehe Häuserinterpretationen, Seite 48/49) wird sich – entweder in der inneren oder in der äußeren Entsprechung – während der sieben Jahre bemerkbar machen.

Bleiben wir bei unserem Beispiel: Steht der Mond im dritten Haus, kann es sowohl um Sprache und Beweglichkeit im körperlichen Sinn gehen (denn wir befinden uns im körper-

lichen Quadranten) als auch darum, dass Sie plötzlich Neues lernen möchten oder leichter lernen als früher, sich für neueste Technik interessieren und das Bedürfnis verspüren, mit Ihrer Umwelt zu kommunizieren.

Um das Beispiel zu vervollständigen, stellen wir die Gesamtverbindung her: Aszendent Steinbock – die sieben Jahre zwischen 42 und 48, Krebs-Qualität. Dort ist u.a. zu lesen, dass Sie während dieses Zeitraums mit Ihrer Emotionalität konfrontiert werden, was für einen Steinbock zumeist nicht ganz einfach ist. Mit einem Mond im dritten Haus könnte es Ihnen nun leichter fallen, über Ihre Gefühle zu sprechen als früher, oder zu Ihrer Körpersprache zu finden und beispielsweise über Tanzen Ihre Gefühle auszudrücken. Eine andere Entsprechung wäre, dass Sie sich viel lieber als früher in der Natur bewegen.

Hat ein Steinbock-Aszendent mit Krebs-Qualität den Mond im dritten Haus, könnte er jetzt leichter über seine Gefühle sprechen als früher.

Jupiter (oben) ist dem Schützen zugeordnet, Venus (links unten) dem Stier und der Waage, und Saturn (rechts unten) steht für den Steinbock.

Aszendent Widder

Die sieben Jahre zwischen 28 und 34, Schütze-Qualität

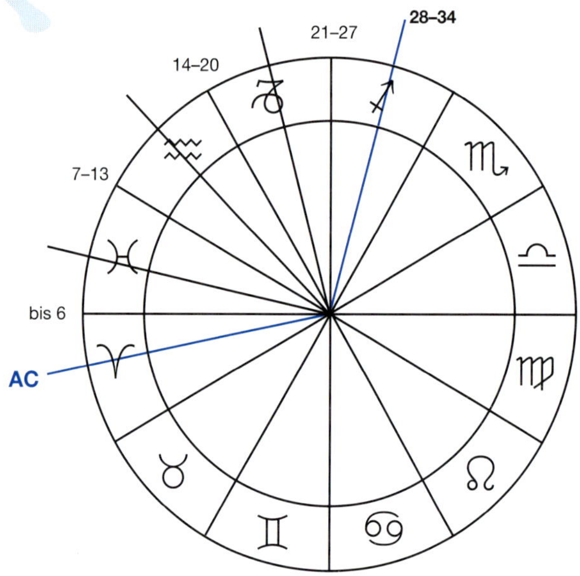

Die ersten Jahre der Schütze-Qualität erleben Sie als Befreiung. Sie werden sich als Glückspilz fühlen.

Befreiung: Mit dem 28. Lebensjahr nimmt das Leben des Widder-Aszendenten eine besondere Entwicklung. Sie werden die erste Zeit dieses neuen Abschnitts insgesamt als Befreiung erleben und sich wie ein Glückspilz fühlen, weil die vorangegangenen sieben Jahre vermutlich nicht besonders leicht für Sie waren. Ihr Horizont erweitert sich, Sie entdecken für sich den Sinn des Lebens und begreifen auch Dinge, die über diesen persönlichen Sinn hinausgehen. Sie verstehen jetzt die höheren Bedürfnisse des Lebens.

Loslösung: Sie werden sich nun allmählich von der Weltanschauung Ihrer Eltern lösen. Es kann allerdings auch sein, dass Sie »der Mut zur eigenen Courage« verlässt und Sie deren Weltanschauung übernehmen, ohne groß nachzufragen. Das hieße aber, eine Chance zu verschenken, denn in dieser Phase können Sie das geistige Loslösen, das zu einem späteren Zeitpunkt sehr viel mehr Kraft kosten würde, noch spielerisch bewältigen.

Idealismus: Der Widder-Aszendent, der grundsätzlich sehr stark an berufliche Anerkennung gebunden ist, lernt nun, sich mit Idealismus auseinander zu setzen. Unter Umständen machen Sie beruflich Ihre ersten Auslandserfahrungen. Insgesamt könnten Sie Förderung und Unterstützung von Protektoren und Mäzenen erwarten, mit denen Sie nicht gerechnet bzw. von denen Sie es nicht erwartet haben. Mit Ihrer ungestümen Art packen Sie energisch viele neue Dinge an – vielleicht sogar ein paar zu viel.

Die gesamte Phase ist ein einziger Höhenflug. Gegen Ende der Periode müssen Sie unter den vielen begonnenen Projekten selektieren.

Selektion: Gegen Ende dieser Phase, die wahrscheinlich ein einziger Höhenflug war, müssen Sie ohnehin beginnen zu selektieren. Nun ist es Zeit, auf die Erde zurückzukommen und sich die Dinge wieder genau und aus der Nähe anzusehen. Jetzt müssen Sie aus den vielen begonnenen Projekten die Spreu vom Weizen trennen und lernen, eine Sache geduldig zu Ende zu bringen.

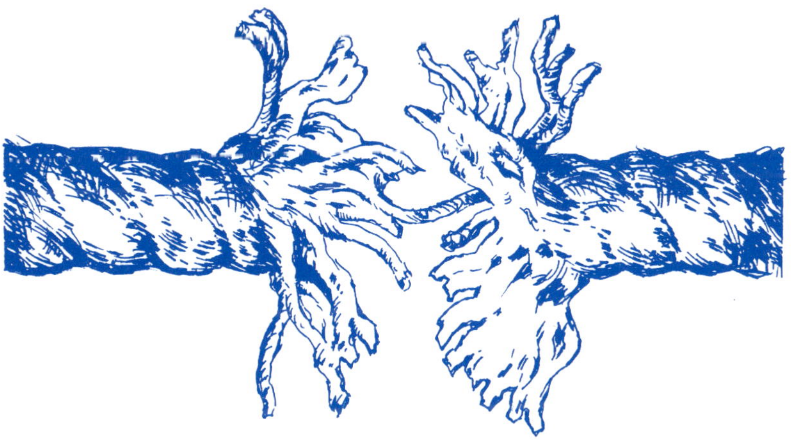

Die sieben Jahre zwischen 35 und 41, Skorpion-Qualität

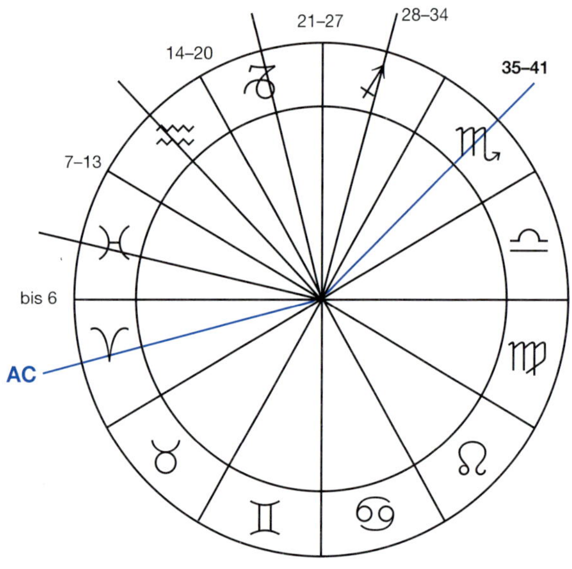

Es könnte gut möglich sein, dass Sie jetzt eine feste Beziehung eingehen und Kinder haben möchten – eine Bereicherung für Ihr Leben.

Beziehung: Bestimmt hatten Sie schon vor dieser Phase Partner, aber es ist gut möglich, dass Sie jetzt eine feste Beziehung eingehen und Kinder haben möchten. Kinder bedeuten aber gerade für einen Widder-Aszendenten eine ungewohnte Konfrontation mit Einschränkung und Verpflichtung, mit Ernsthaftigkeit und Verantwortung. Sie werden vorübergehend auf den üblichen Schwung verzichten und erst einmal das Zurechtfinden in der veränderten Situation erlernen müssen. Später, wenn Sie sich an die neuen Verhältnisse gewöhnt haben, Ihr Leben wieder in anderen Bahnen verläuft, werden Sie feststellen, dass Sie durch eine solche Situation eine Bereicherung erfahren haben.

Vertiefung: Sie werden Menschen begegnen, deren Verbindlichkeit und Tiefe Sie zu einer ernsthafteren Betrachtungsweise von Begegnungen führen.

Unruhe: Ungefähr ab dem 40. Lebensjahr beginnt eine unruhige und instabile Zeit. Eine Zeit lang fühlen Sie sich etwas orientierungslos. Viele Überzeugungen, die Ihnen früher Klarheit und Sicherheit gegeben haben, lösen sich auf unbegreifliche Weise auf. Diese Zeit kann auch von schmerzlichen Missverständnissen geprägt sein. Sie sollten jetzt nicht zu viel Verständnis von Ihrer Umwelt erwarten, Sie müssen selbst lernen, mit sich und Ihren Problemen zurechtzukommen, um allmählich, wenn Sie wieder klarer sehen, Ihr Fazit zu ziehen.

Gegen Ende der Phase fühlen Sie sich etwas orientierungslos. Die früher gewonnenen Überzeugungen lösen sich auf.

Die sieben Jahre zwischen 42 und 48, Waage-Qualität

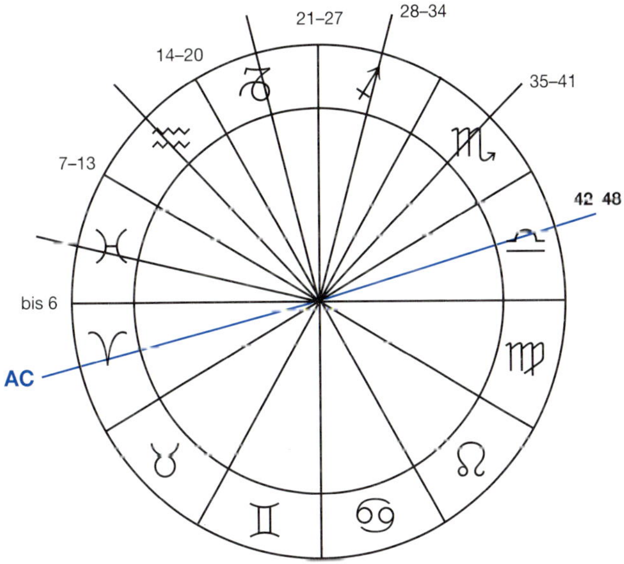

Krise: Der Beginn dieses Zyklus schließt nahtlos an das Ende des letzten Zyklus an: Die Midlifecrisis ist immer noch voll im Gange. Vielleicht beschleicht Sie das verstörende Gefühl, »reif für die Insel« zu sein. Möglicherweise haben Sie deshalb oft ein schlechtes Gewissen. Zu dieser Zeit wird alles hinterfragt: Verbindungen, Verpflichtungen, Vorstellungen von der Partnerschaft. Der Lebensstil, der Geschmack können sich plötzlich ändern, auch die Auffassung von Beruf und Berufung.

Es kann sein, dass ein beruflicher »großer Traum« plötzlich nicht mehr wichtig ist, oder Sie sich vorwerfen, ihn nicht verwirklicht zu haben. In dieser Phase sollten Sie genau prüfen, was der »Traum« in Wirklichkeit ist.

Diese Zeit ist eine notwendige Phase der Überprüfung, der Ent-Täuschung und der Ernüchterung als Übergang zur Konsolidierung.

Überprüfung: Das alles muss Sie nicht deprimieren oder gar demoralisieren; diese Zeit ist eine notwendige Phase der Überprüfung, der Ent-Täuschung und der Ernüchterung als Übergang zur Konsolidierung des letzten Lebensdrittels, das heute gegenüber früheren Zeiten enorm an Bedeutung gewonnen hat.

Klarheit: Sie sollten in dieser Krisenzeit immer versuchen, einen klaren Kopf zu bewahren, sich nicht von den Ereignissen überrennen und sich nicht krank machen zu lassen. Sie sollten Ihre Gesundheit trotz aller Turbulenzen ständig im Auge behalten.

Selbstvertrauen: Im Laufe dieses Zyklus nehmen die Probleme an Schärfe allmählich ab. Bis es so weit ist, können Sie die nötige Stärke aus Ihrem grundsätzlich vorhandenen Selbstvertrauen und einem gewissen »Gottvertrauen« beziehen, das Ihnen schon in jüngeren Jahren aus manch schwieriger Situation geholfen hat. Der Unterschied zu früher liegt darin, daß Sie das Geschenk dieses Glaubens an sich selbst nicht einfach unreflektiert hinnehmen, sondern bewusst genießen und einsetzen können.

Behutsamkeit: Wichtig ist es, die Dinge reifen zu lassen, Bedürfnisse wahrzunehmen, ohne sofort handeln zu müssen. Das in früheren Jahren bewährte Rezept, sofort und mit dem Kopf voran durch jede Wand zu laufen, wird jetzt wahrscheinlich versagen. Es könnte sein, dass die Wand härter ist als Ihr Kopf, oder dass Sie sich jenseits der Wand im Nebel verirren.

Die sieben Jahre zwischen 49 und 55, Jungfrau-Qualität

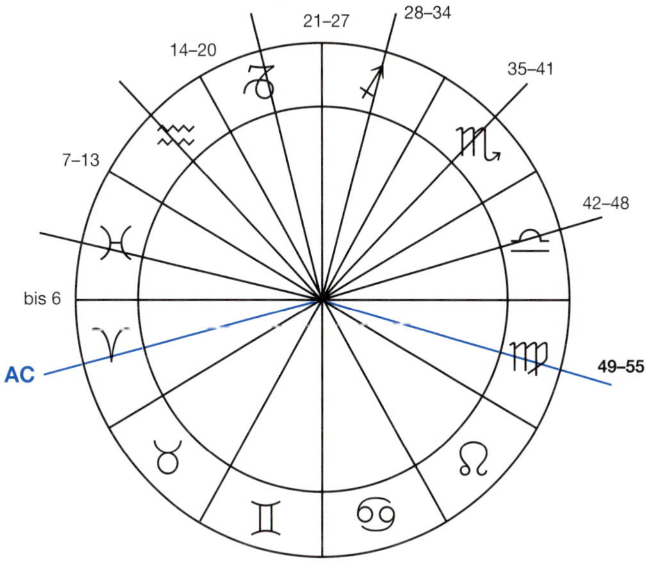

Nutzen: Diese Phase könnte man die Zeit »vernünftiger Kreativität« nennen. Die Auseinandersetzung mit dem, was Ihnen wichtig ist, hat einen völlig anderen Charakter bekommen. Sie werden sich jetzt vielmehr fragen, welchen Nutzen die Dinge für Sie haben.

Aktivität: Sollte Ihre Arbeitssituation aus irgendwelchen Gründen nicht zufrieden stellend sein, ist es klüger, die Hände nicht in den Schoß zu legen und abzuwarten, sondern aktiv an der Situation zu arbeiten. Das kann bedeuten: sich nach wirklichen Alternativen umzusehen, sich eventuell in die Selbstständigkeit zu begeben, Missverständnisse zu klären und damit das Arbeitsklima zu verbessern. In dieser Phase können Sie darauf vertrauen, den für Sie richtigen Weg zu finden. Ihre Intuition und positive Resonanz, die Sie von anderen Menschen erfahren, helfen Ihnen dabei.

Diese Periode befähigt zur realen Selbsteinschätzung, so dass Ihre Projekte durchführbar werden.

Aszendent Stier

Die sieben Jahre zwischen 28 und 34, Steinbock-Qualität

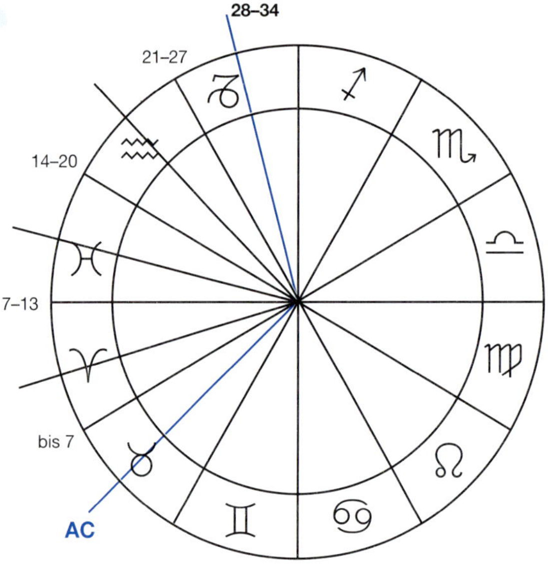

Gleich zu Beginn dieser Phase wartet der »Ernst des Lebens« mit allen damit verbundenen Pflichten auf Sie.

Freiheit: Stier-Aszendenten haben in dem vorangegangenen Zyklus wahrscheinlich sehr viel Freiheit gehabt und diese auch genossen.

Verantwortung: Möglicherweise bemerken Sie nicht gleich zu Beginn dieser Phase, dass nun der »Ernst des Lebens« mit den damit verbundenen Pflichten und hoher Verantwortung wartet. Allerdings wird Sie diese Einschränkung nicht zu sehr belasten, weil es Ihnen wahrscheinlich gelungen ist, Ihre Freiheitsgefühle, die Sie auch jetzt nicht verlassen, in diesen

Zyklus zu retten. Außerdem erleichtert Ihnen Ihr Naturell, das von Beharrlichkeit und konservativem Denken geprägt ist, gesellschaftliche Spielregeln anzuerkennen und damit zurechtzukommen.

Veränderung: Es widerspricht keineswegs Ihrer Persönlichkeit, wenn Sie in dieser Phase immer noch sehr liberal, aber nicht mehr so umstürzlerisch denken wie früher. Sie machen sich jetzt mehr Gedanken darüber, was sich – nicht nur in Ihrem Leben, sondern auch in der Gesellschaft – ändern sollte und was im wahrsten Sinne des Wortes »wert« ist, erhalten zu bleiben.

Falls Sie in dieser Phase eine feste Bindung eingehen wollen, sollten Sie darauf achten, dass Ihnen ein aktiver Partner gut tut.

Beziehung: Wenn Sie jetzt eine feste Bindung eingehen, sollten Sie daran denken, dass Ihnen ein aktiver Partner gut tut. Sie müssen darauf achten, dass Ihr Leben nicht erstarrt, denn die Anpassungszwänge werden zu Beginn des nächsten Zyklus stärker sein als vorher.

Die sieben Jahre zwischen 35 und 41, Schütze-Qualität

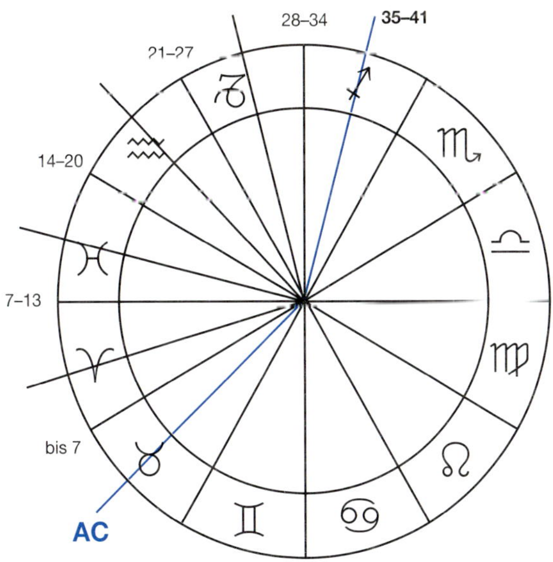

Passivität: Das Gefühl festzusitzen, das Sie zu Ende der letzten Phase nicht zu Unrecht beschlichen haben mag, besteht weiter. Als Stier-Aszendent wissen Sie selbst am besten, dass Sie dazu neigen, auch in Situationen auszuharren, die im Grunde unerträglich geworden sind. Das gilt im Besonderen für den Beginn dieser Phase.

Idealismus: Gerade jetzt kann es sein, dass Sie sich heroisch Idealismus abverlangen oder eine Situation als ideal erklären und daran festhalten. Möglicherweise trägt Ihnen dieses »tapfere Verhalten« sogar den Beifall Ihrer Umwelt ein und bestätigt Sie in Ihrem Tun. Wenn Sie diesen Mechanismus einmal durchschaut haben, werden Sie merken, dass das lediglich »Hintertürchen« sind, die eine Veränderung verhindern sollen.

Veränderungs- und Unabhängigkeitswünsche werden in dieser Phase sehr stark. Nicht immer aber sollte man ihnen nachgeben!

Veränderung: Die bereits vorhandenen Veränderungs- und Unabhängigkeitswünsche werden immer stärker. Der Wunsch, sich heimlich davonzustehlen, ist verständlich, aber nicht unbedingt die richtige Lösung!

Neue Orientierung: Eine Möglichkeit, diese Wünsche zu verwirklichen, würde darin bestehen, sich für das Ausland und Auslandsreisen zu interessieren. Denkbar wäre zudem, dass Sie sich plötzlich zu wenig gebildet finden, glauben, den falschen Beruf ergriffen zu haben und eine neue Ausbildung beginnen. Es kann auch sein, dass Sie plötzlich Interesse für eine neue Religion, Ideologie oder Weltanschauung zeigen.

All das sind Signale, dass Ihr Leben nicht mehr stimmig ist. Aber weder ein Davonlaufen noch ein völliger Neuanfang bieten eine Lösung. Sie könnten, Ihrem Naturell entsprechend, vielmehr die notwendige Veränderung Schritt für Schritt vollziehen, immer prüfend, ob der nächste Schritt auch entsprechend sicher ist. Wenn Sie vor lauter Begeisterung und Idealismus nicht das Kind mit dem Bad ausschütten, sondern stets Ihre bisher erworbene Lebenserfahrung mit einbeziehen, kann Ihnen eine innere und äußere Veränderung gut gelingen.

Die sieben Jahre zwischen 42 und 48, Skorpion-Qualität

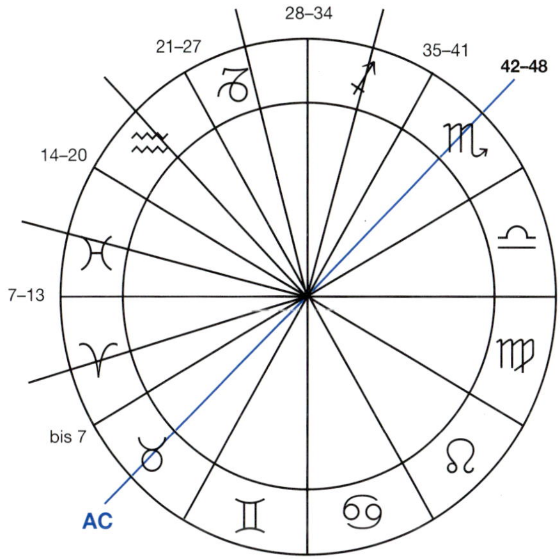

Arbeit: In dieser Phase verlagert sich die Lebensthematik immer mehr auf den Bereich der Arbeit, die Bedingungen, unter denen sie erfolgt, und die Einstellung dazu. Machtkämpfe sollten Sie nicht um des Kampfes willen führen. Sie müssen berücksichtigen, dass andere Menschen ihre eigenen Vorstellungen haben. Jeder echte Kompromiss, den Sie eingehen, bringt Sie menschlich ein gutes Stück weiter.

Die Lebensthematik verlagert sich in dieser Phase mehr auf den Bereich der Arbeit. Deshalb sollte der sinnliche Genuss nicht zu kurz kommen.

Körper: Der Körper fordert jetzt große Aufmerksamkeit. Er reagiert empfindlich auf widrige Umstände, möglicherweise sogar mit Krankheit. Sie sollten alle Signale, die der Körper aussendet, nicht übersehen.

Sinnlicher Genuss: Sorgen Sie auch dafür, dass der sinnliche Genuss – Ihre Domäne, die einen großen Teil Ihres Charmes ausmacht – vor lauter Verantwortungs- und Pflichtgefühlen nicht zu kurz kommt!

Bei allem Sicherheitsdenken sollten Sie nicht übermäßig an materiellen Gütern hängen. Sie könnten in dieser Phase statt dessen die geistigen Werte vertiefen.

Materielle Güter: Ein weiteres Thema, mit dem Sie in dieser Phase möglicherweise konfrontiert werden, sind die gemeinsam mit dem Partner erworbenen finanziellen Mittel oder eventuell Erbschaften. Sie werden wahrscheinlich gezwungen sein, über Macht im Zusammenhang mit Geld nachzudenken, sei es, dass Sie diese Macht ausüben oder selbst zu spüren bekommen. Bei allem Sicherheitsdenken sollten Sie nicht übermäßig an materiellen Gütern hängen. Dieses Streben blockiert die Empfängnisbereitschaft für geistige Werte, die Sie in der jetzigen Phase immens vertiefen können.

Die sieben Jahre zwischen 49 und 55, Waage-Qualität

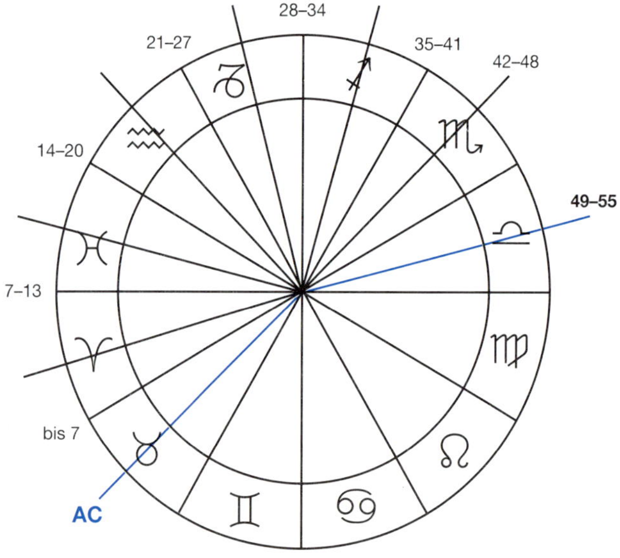

Widerstände: In der Anfangsphase dieses Zyklus spüren Sie möglicherweise noch die Einschränkungen und Widerstände, die den letzten Zyklus ausklingen ließen. Sie sollten aber versuchen, sich Ihre Weichheit und Wärme zu bewahren. Verlassen Sie sich vertrauensvoll auf die innere Stimme und die kommende Zeitqualität, die Ihnen ein Geschenk in den Schoß legt.

Beziehungen: Sie reagieren jetzt vermehrt auf Begegnungen vielfältigster Art. Sie können jetzt besser als in früheren Jahren ertragen, dass nicht alle Begegnungen und Beziehungen für die Ewigkeit eingegangen werden, und dass es die unterschiedlichsten Formen geben kann. Diese Offenheit ermöglicht Ihnen, von anderen Menschen mehr zu profitieren und auch mehr geben zu können. Eine gewisse »eigenbrötlerische« Komponente fällt weg. Nicht zuletzt entwickeln Sie in diesem Zeitraum eine Vorstellung davon, welche Art von Begegnung und Beziehung Sie eigentlich brauchen und wünschen. Damit kann Ihnen der Balanceakt zwischen Abgrenzung und Zulassen – das ewige Thema eines Stier-Aszendenten – gelingen.

Während der Waage-Qualität können Sie mehr von anderen Menschen profitieren und diesen auch mehr geben als früher.

Vielfältigkeit: Nach einer anfänglich noch schwierigen Phase erleben Sie eine Zeit, in der sich Ihre Handlungsenergie erhöht, Ihre Selbstständigkeit sich durchzusetzen wünscht, Ihr diplomatisches Geschick eingesetzt werden möchte und sich möglicherweise sogar eine künstlerische Ader bemerkbar macht. Sie möchten sich selbst ausdrücken, wollen kreativ sein.

Herzlichkeit: Leben und leben lassen fällt Ihnen jetzt wieder leichter. Auch fühlen Sie sich allmählich wieder imstande, anderen – vielleicht Ihren Kindern – freundlich und herzlich zu begegnen, sie ihrer Wege gehen zu lassen und keine besonderen Forderungen an sie zu stellen. Das hängt mit Ihrem gestiegenen Selbstbewusstsein zusammen, das Sie wieder in angenehmster Form zum Ausdruck bringen können.

Aszendent Zwillinge

Die sieben Jahre zwischen 28 und 34, Wassermann-Qualität

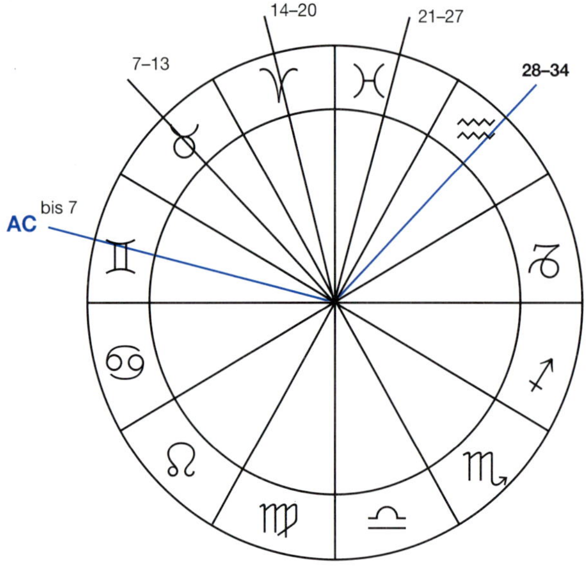

Während der Wassermann-Qualität haben Sie nach der Zeit der Such- und Wanderjahre die Chance, »Ihren« Weg zu finden.

Beruflicher Weg: Als Zwillinge-Aszendent haben Sie nach Ihren Such- und Wanderjahren meistens erkannt, dass Ihr beruflicher Platz etwas außerhalb der Normen liegt. Dass die Skala vom Gewinner bis zum Verlierer reichen kann, versteht sich von selbst. In diesem Zyklus haben Sie die Chance, »Ihren« Weg zu finden, Sie sind jetzt zu außergewöhnlichen Leistungen fähig und verfügen über einen enormen Ideenreichtum, der Ihnen gleichsam zufliegt.

Unabhängigkeit: Auch wenn Sie für Menschen, zu denen Sie eine Beziehung haben, jetzt etwas greifbarer geworden sind, brauchen Sie doch immer noch das Gefühl der Unabhängigkeit und uneingeschränkten Beweglichkeit. Wer eine engere Verbindung mit diesem Aszendenten pflegen möchte, tut gut daran, keinen Gedanken an eine Leine, an die er ihn legen könnte, zu verschwenden. Der Zwillinge-Aszendent stellt seinen Partner vor die Wahl: Er ist entweder ein amüsanter und einfallsreicher Liebhaber oder ein untreuer Ehepartner.

Trotz einer gewissen Annäherung an Menschen, mit denen Sie eine Beziehung pflegen, ist Ihnen das Gefühl der Unabhängigkeit noch immer wichtig.

Optimismus und Vertrauen: In den letzten beiden Jahren dieses Zyklus wird alles, was Sie an beruflichen und Lebensplänen entworfen haben, auf den Prüfstand gestellt. Aus der Fülle der originellen, manchmal wahrscheinlich etwas extravaganten Pläne und Ideen wird geprüft, was vor der Realität Bestand hat.

Die sieben Jahre zwischen 35 und 41, Steinbock-Qualität

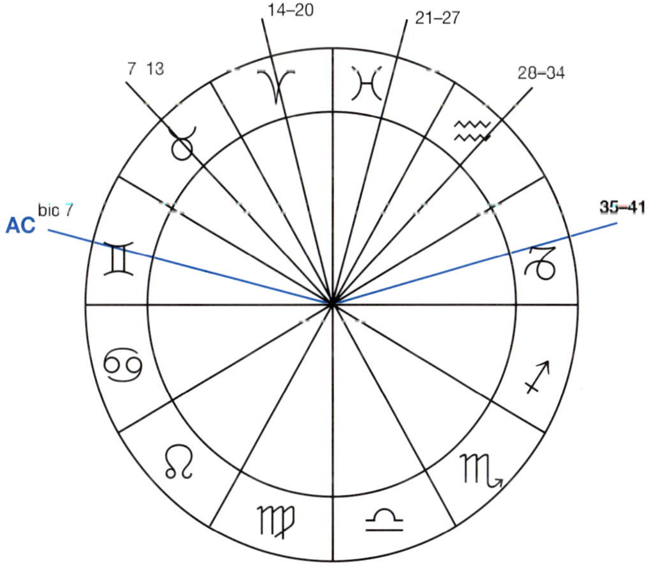

Während der Steinbock-Qualität zeigen Sie die Bereitschaft, sich auf die Verantwortlichkeiten des Lebens einzulassen.

Verpflichtungen: In diesem Zyklus zeigen Sie die Bereitschaft, sich auf die Verantwortlichkeiten des Lebens einzulassen. Das kommt Ihrem ursprünglichen Gefühl für Vernunft und Nützlichkeit sehr entgegen. Die Begegnungen mit Menschen werden verbindlicher, unter Umständen entwickelt sich eine verbindliche Beziehung. Es ist sogar möglich, dass Sie Kinder haben wollen. In jedem Fall werden Sie Wert darauf legen, ernsthafte Kontakte zu knüpfen und zu pflegen.

Traditionelles Verhalten: Es kann durchaus sein, dass Sie vermehrt gesellschaftliche Meinungen und Normen übernehmen, die Ihnen früher fremd waren und die Sie sogar abgelehnt haben. In diesem Augenblick stützen Sie sich lieber auf Altbewährtes. Dagegen ist nichts einzuwenden, solange dies nicht unreflektiert geschieht und Sie Ihre natürliche Begabung einsetzen, Nützliches zu erkennen und von Überflüssigem oder Unsinnigem zu trennen.

Strenge: In der gegenwärtigen Phase müssen Sie allerdings ein wenig darauf achten, dass Sie nicht Ihre gewohnte Leichtigkeit verlieren. Es wäre möglich, daß Ihre Umwelt Sie als strengen maßregelnden Lehrer empfindet. Das kann daraus resultieren, dass Sie während des vergangenen Zyklus von Ihrem selbst gebauten Podest geholt wurden und nun meinen, diese Lektion an andere weitergeben zu müssen. Verlassen Sie sich im Umgang mit anderen Menschen lieber auf Ihren Optimismus und Ihre Weltoffenheit.

Unsicherheit: Gegen Ende dieses Zyklus werden Unsicherheiten, die in dem Zeitraum zwischen dem 21. und 28. Lebensjahr Thema waren, wieder auftauchen. Wahrscheinlich ging es damals wie heute zum einen um berufliche Ziele bzw. Zielsetzungen, eventuell auch darum, wie oder in welcher gesellschaftlichen Rolle Sie sich in der Öffentlichkeit darstellen möchten. Andererseits mögen Sie sich auch fragen, ob Ihre partnerschaftlichen Beziehungen in dieser vergangenen Phase nicht doch – für Ihre Bedürfnisse – zu konventionell und einengend gestaltet waren.

Die sieben Jahre zwischen 42 und 48, Schütze-Qualität

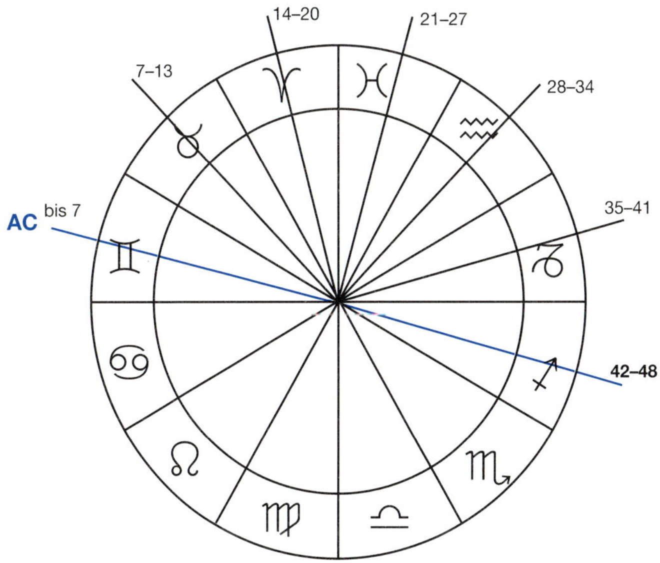

Arbeit: Die Qualität der letzten Phase setzt sich fort, betrifft aber jetzt weniger den Beruf als übergeordneten Begriff, sondern die konkrete Arbeitssituation. Sie mögen sich auch nach dem Sinn der täglichen Mühe fragen, ja sogar nach dem Sinn des Lebens überhaupt. Leben Sie in einer Partnerschaft, werden Sie diese infrage stellen. Leben Sie allein, erscheint Ihnen das Leben ohne Partner sinnlos.

Sie werden sich in dieser Phase nach dem Sinn des Lebens fragen. Dabei stellen Sie auch Ihre Partnerschaft infrage.

Die momentane Zeitqualität könnte aber auch bedeuten, dass sich Auslandskontakte über Sprachen oder Reisen im Arbeitsbereich anbieten. Dabei kann es gut möglich sein, dass Sie gefördert werden.

Verlangsamung der Aktivität: In diesem Zyklus ist es durchaus möglich, dass Sie nach anfänglichen Höhenflügen etwas unsanft auf dem Boden der Realität landen. Das Wesentliche dieser Zeit liegt für den beweglichen Zwillinge-Aszendenten darin zu begreifen, dass jetzt eine Verlangsamung des Tempos, vor allem im Arbeitsbereich, notwendig geworden ist. Aufgrund Ihrer natürlichen Neugierde sind Sie an zu vielen Dingen gleichzeitig interessiert. Sie sollten den Versuch wagen, sich auf einige wenige Themen zu konzentrieren, Ihre Vorhaben gründlich zu festigen und durchzustehen. Dies wäre eine gute Vorbereitung auf den nächsten Zyklus.

Die sieben Jahre zwischen 49 und 55, Skorpion-Qualität

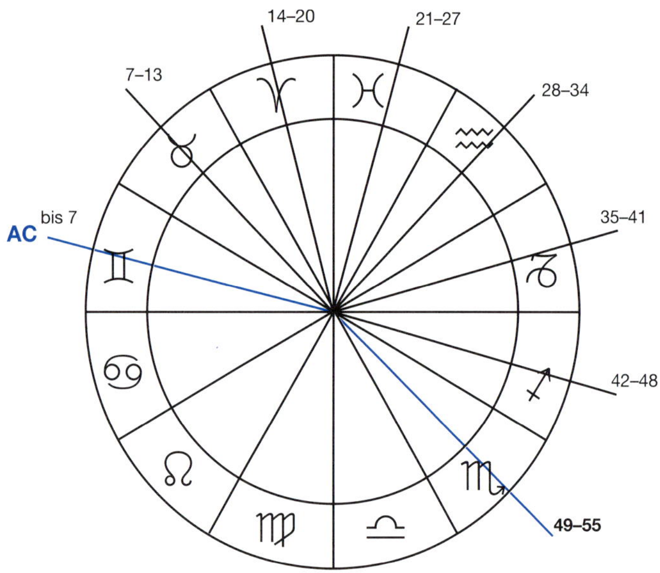

Die Skorpion-Qualität bietet Ihnen die Chance, auf schöpferische Art Ihre eigenen Projekte zu verwirklichen.

Der eigene Weg: Die Frage nach dem eigenen Weg, dem eigenen Programm bezüglich seiner Kreativität stellt sich für den Zwillinge-Aszendenten erst in diesem Zyklus.
Dieser Zyklus bietet Ihnen die Chance, auf schöpferische Art und Weise eigene Projekte und Unternehmungen zu verwirklichen – sei es in einem abhängigen Arbeitsverhältnis oder auf selbstständiger Basis.

Wichtig ist nicht die äußere Form der Arbeitsverhältnisse, vielmehr müssen Sie dafür sorgen, dass Ihre Kreativität und Selbstständigkeit gewährleistet sind. Sie würden eine unbefriedigende Situation, die sich mit Ihren Vorstellungen nicht deckt, wahrscheinlich auch nicht lange aushalten.

Orientierung nach innen: Standen Ihnen in früheren Phasen eine Fülle an Informationen und Menschen zur Verfügung und waren die Auswahlmöglichkeiten vielfältig, so orientieren Sie sich jetzt nach innen und gewinnen an Tiefe. Sicherlich ist nicht jeder Zwillinge-Aszendent bereit, diesen »Sprung in die Tiefe« zu wagen, denn er trifft dabei auf Seiten seiner Persönlichkeit, die er sich eigentlich nicht gerne ansieht. Dabei durchlebt er einen Prozess, der nicht nur einem leichtfüßigen Zwillinge-Aszendenten zu schwierig und zu langwierig sein kann.

Sie orientieren sich nach innen und gewinnen an Tiefe. Ihre Herzlichkeit und Freude an einem genussvollen Leben wachsen.

Lebensfreude: Wenn Ihnen aber dieser Sprung gelingt, dann gewinnen Sie letzten Endes eine Herzlichkeit und vitale Freude an einem genussvollen Leben, die Sie zusammen mit Ihrem angeborenen leichten, ewig jugendlichen Charme unwiderstehlich machen.

Aszendent Krebs

Die sieben Jahre zwischen 28 und 34, Fische-Qualität

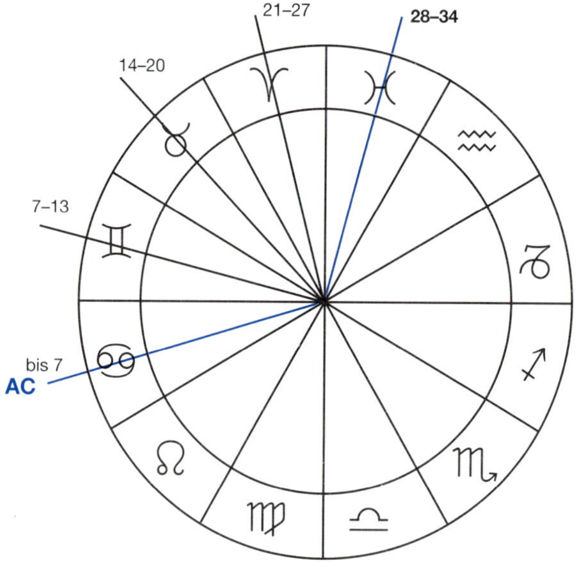

Die Fische-Qualität ist eine Phase innerer Ruhe, in der Sie zu sich selbst finden können.

Innere Ruhe: Im vorangegangenen Zyklus mag es dem Krebs-Aszendenten trotz seiner Schutzbedürftigkeit gelungen sein, sich mutig einen Platz zu erkämpfen. Wenn dies der Fall ist, dürfen Sie jetzt nicht plötzlich verzagt das Erkämpfte fallen lassen, weil Sie vor der eigenen Courage Angst bekommen haben. Auch wenn Sie es anfänglich nicht bemerken: Dies ist eine Phase innerer Ruhe, in der der Krebs-Aszendent zu sich selbst finden kann – auch auf einer höheren, spirituellen Sinnebene. Ungefähr im 30. Lebensjahr stabilisiert sich dieser Zustand.

Einklang mit sich selbst: Sie sollten versuchen, so zu leben, dass es Ihren tiefsten geistigen Bedürfnissen und Vorstellungen entspricht, die Sie jedoch nicht mit denen des Partners verwechseln dürfen. Während der letzten drei Jahre dieses Zyklus wird geprüft, was Sie aus dieser Zeit gemacht haben.

Zeit des Mangels: Je mehr Sie »Ihr« Leben gelebt haben, desto besser bewältigen Sie die Einschränkungen und Verluste (auch finanzieller Art) der letzten drei Jahre dieses Zyklus. Sie werden diese Zeit des Mangels wie ein »spielerischer Asket« ertragen können, wenn Sie vorher um die Verwurzelung in sich selbst genügend Sorge getragen haben. Daraus entsteht bei manchen Krebs-Aszendenten eine besondere Art der Genügsamkeit, die Sie selbst in Zeiten des absoluten Überflusses nicht verlässt. Sie fußt auf der tiefen Einsicht in die Dinge, die der Mensch zum Glücklichsein braucht.

Die Zeit des Mangels werden Sie »spielerisch« ertragen können. Es entsteht eine besondere Art der Genügsamkeit.

Die sieben Jahre zwischen 35 und 41, Wassermann-Qualität

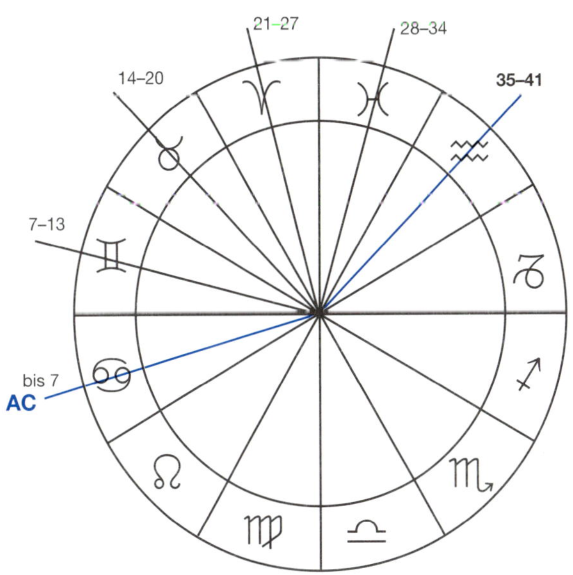

Beziehung: Sie erleben jetzt spannende Zeiten! In dieser Phase könnte es sein, dass Sie Verbindungen eingehen, in denen ein Austausch von Anregungen und Ideen stattfinden soll. Ein möglicher Fehler dabei ist, einen Partner zu wählen, dem Sie Originalität und Freiheitsbedürfnisse überlassen und selbst immer weniger beitragen. Wenn Sie diese Qualitäten nicht auch selbst ausleben, werden Sie möglicherweise von unerwarteten Zwischenfällen heimgesucht, die das Leben nicht inspirieren, sondern ausschließlich stören. Vielleicht schlägt sich ein solcher unangenehmer Zwischenfall in einer persönlichen Kurzschlusshandlung nieder, und Sie finden sich plötzlich mit zwei Koffern auf der Straße wieder. Und das nach einem unter Umständen »traumhaften« Beginn einer leidenschaftlichen und hingebungsvollen, vermeintlich innigen Beziehung.

Sollten Sie während der Wassermann-Qualität Ihre Bedürfnisse nicht wahrnehmen, entsteht Orientierungslosigkeit.

Orientierungslosigkeit: Wenn man seine Bedürfnisse nicht wahrnimmt, führt das leicht zu unbesonnenen Handlungen. Am Ende bleibt eine völlige Orientierungslosigkeit auf der ganzen Linie. Man findet in der Beziehung keine Orientierung, traut seinem eigenen Verstand nicht mehr und ist auch intellektuell nicht mehr in der Lage, die Dinge aufzuarbeiten. Sollten Sie in diesen Zustand geraten, ist es wichtig, diese Phase als Warnung und Wegweiser hinzunehmen. Vielleicht haben Sie schon einmal diesen Fehler gemacht und Ihren Kampfgeist nicht genutzt. Dann sollten Sie diesmal mutig das Motto wählen: Jetzt oder nie!

Als Krebs-Aszendent sind Ihnen Auseinandersetzungen jeder Art aus tiefstem Herzen zuwider, aber wenn Sie das Motto beherzigen, bleibt Ihnen nichts anderes übrig, als sich kopfüber in diese Mutprobe zu stürzen. Nach anfänglichen Unsicherheiten werden Sie feststellen, wie befreiend es sein kann, seine Meinung zu sagen, seinen Weg zu gehen und seine Fähigkeiten einzusetzen.

Stabilisierung: Gegen Ende dieser Phase wechselt der Zyklus und unterstützt nun die Stabilisierungsversuche.

Die sieben Jahre zwischen 42 und 48, Steinbock-Qualität

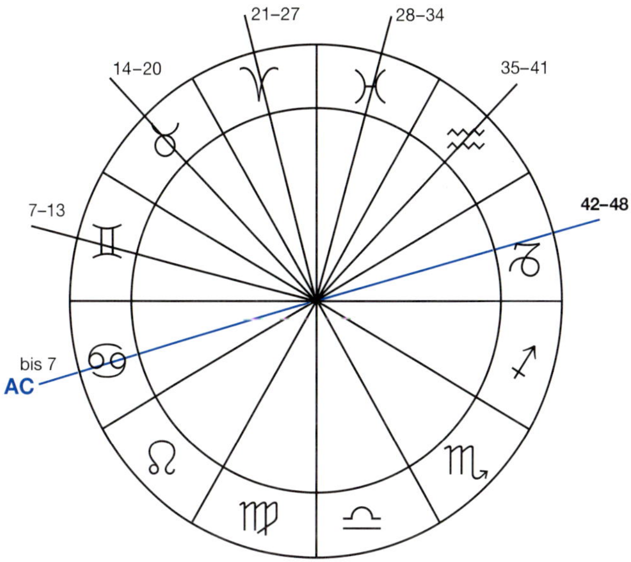

Ordnung des Lebens: Gleich zu Beginn dieses Zyklus wird die Möglichkeit der Existenzsicherung wieder sehr viel besser als in der vorangegangenen Phase. Das unter Umständen chaotische Leben der letzten Jahre kann jetzt strukturiert und geordnet werden, vor allem durch genormte und geregelte Arbeit. Allerdings wird man sich von Sachzwängen eingeengt fühlen und Mangelsituationen nicht nur finanzieller Art hinnehmen müssen. Vor allem die schöngeistige Seele leidet unter dem etwas trist gewordenen Alltag. Aber wenn dieser Zeit auch Glanz und Gloria fehlen, bringt sie doch Stabilität ins Leben.

Zu Beginn der Steinbock-Qualität besteht die Chance, das möglicherweise chaotische Leben der letzten Jahre neu zu ordnen.

Es muss natürlich nicht zwangsläufig so sein, dass Sie diese Zeit so erleben, wie sie hier beschrieben ist. In diesem Fall haben Sie Ihr Leben schon früher so gelebt, wie es Ihnen wirklich entspricht. Aber viele Menschen verlässt zwischendurch der Mut, oder sie ändern den ursprünglich eingeschlagenen Kurs, weil sie meinen, bestimmte Erwartungen erfüllen zu müssen – und eben die sind hier angesprochen.

Sie können den Grundstein für eine zufriedene Zukunft legen, wenn Sie das Beste an materiellen und ethischen Werten bewahren.

Zukunft: Für Sie ist es wichtig, den Kopf auf keinen Fall hängen zu lassen und sich nicht von den Umständen krank machen zu lassen. Erinnern Sie sich an Ihren Mut der frühen Jahre, und und setzen Sie ihn gezielt (wieder) ein. Wenn Sie sich – ohne zu resignieren und ohne zum Zyniker zu werden – das Beste an materiellen und ethischen Werten aus dieser Zeit bewahren, legen Sie den soliden Grundstein für eine zufriedene Zukunft. Sie wissen nun, dass Sie sich völlig auf sich selbst verlassen können.

Wenn der Krebs-Aszendent diese Zeit einmal gut überstanden hat, öffnet sich im nächsten Zyklus für ihn die Chance, in völlig veränderten Verhältnissen zu leben.

Die sieben Jahre zwischen 49 und 55, Schütze-Qualität

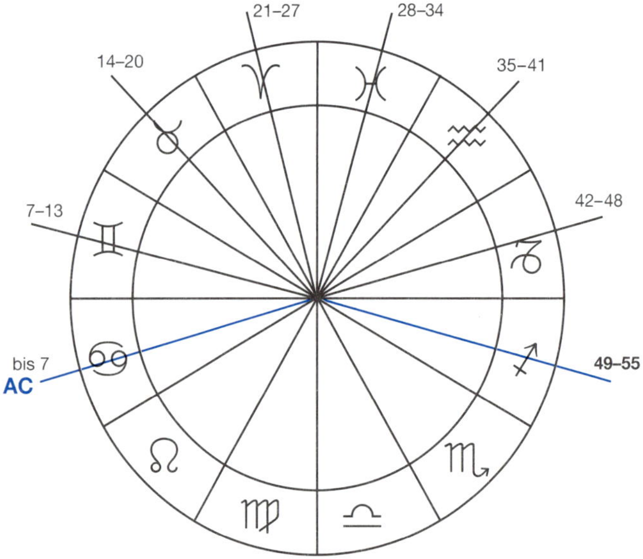

Eigenständigkeit: In diesem Zyklus kann es Ihnen gelingen, noch einmal zur Höchstform aufzulaufen. Sie bekommen die Möglichkeit, eigenständiger, nicht mehr so fremdbestimmt und kreativer zu leben. Wahrscheinlich werden Sie finanziell nicht mehr unter der bisherigen Enge leiden. Ein Grund dafür könnte sein, dass entsprechende Verpflichtungen, beispielsweise den Kindern gegenüber, kleiner werden oder wegfallen. Möglicherweise werden Sie sogar in Ihrer Kreativität gefördert.
Enthusiasmus und Idealismus: Mit der Verbesserung der Verhältnisse ändert sich auch der Blickwinkel. Sie mögen für verschiedene Dinge wieder Enthusiasmus und Idealismus aufbringen, gehen vielleicht wieder auf Reisen oder pflegen auf andere Art und Weise Auslandskontakte. Möglicherweise bringt auch der Beruf eine Ortsveränderung mit sich.

Die Verbesserung der Verhältnisse in der Schütze-Qualität lässt Sie weniger verletzlich sein und offener auf andere zugehen.

Verständnis: In dieser Phase setzen Sie sich vielleicht verstärkt mit dem Sinn des Lebens auseinander, überprüfen Ihre Lebensphilosophie, verwerfen überholte Einstellungen und finden neue Antworten. Dies alles fördert nicht nur Ihr Verständnis für sich selbst und die Lebenszyklen, sondern auch für andere Menschen. Sie sind nicht mehr so verletzlich und können dadurch offener und toleranter auf andere zugehen.
Lebensgenuss: Wenn es Ihnen gelungen ist, die Lektion des letzten Zyklus (die Jahre zwischen 42 und 48) einigermaßen unbeschadet zu überstehen, oder wenn Sie schon vorher so gelebt haben, dass Sie diesen vorangegangenen Zyklus gar nicht als so schlimm erleben mussten, dann genießen Sie jetzt wahrscheinlich die Fülle des Lebens aus vollem Herzen – mit all Ihren Sinnen, all Ihrer Kreativität und Ihrer vitalen Lebenslust.

Aszendent Löwe

Die sieben Jahre zwischen 28 und 34, Widder-Qualität

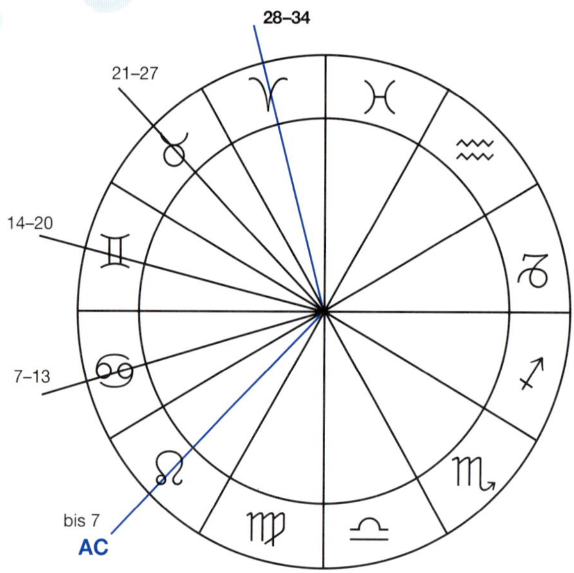

In der Widder-Qualität gilt es, die Ärmel hochzukrempeln, denn es tritt eine neue Energie auf, die vieles verändern kann.

Aktivität: Wenn ein junger Löwe-Aszendent in die Zeitqualität des Widders kommt, erwartet man von ihm, dass er handelt. Speziell im vorangegangenen Zyklus ging wahrscheinlich alles seinen überschaubaren und beschaulichen Gang. Jetzt gilt es, die Ärmel hochzukrempeln, denn es kommt eine Schubkraft, eine neue Energie ins Spiel, die möglicherweise vieles verändert. Dies manifestiert sich bei einem beruflich orientierten Menschen durch neue, aufregende und herausfordernde Projekte. Wenn der junge Löwe-Aszendent mehr ein Familienmensch ist, kommen in dieser Zeit oft Kinder. Während in der Anfangsphase dieses Zyklus oft Verschiedenes getestet wird, tritt ungefähr in der Hälfte der Zeit eine Stabilisierung ein. Es wird dann meist etwas in die Tat umgesetzt, das zu Beginn des Zyklus gesät wurde. Den Test, ob die Entscheidung richtig war, erlebt der junge Löwe-Aszendent gegen Ende dieser Periode. Dann ist auch deutlich zu spüren, dass die Verantwortung wächst, die er zu übernehmen hat.

Energie und Kraft: Diese sieben Jahre sind sicherlich keine Zeit der Innenschau. Sie sind völlig mit dem Aufbau der äußeren Welt und der Ihnen wertvollen und wichtigen Dinge beschäftigt. In dieser Phase fühlen Sie sich am wohlsten, wenn Sie Ihre Energien spüren und voller Kraft ausleben können. Das betrifft nicht nur den sportlichen Bereich, sondern Sie setzen sich auch für Ihre beruflichen Belange ein, die für später bleibenden Wert haben. Allerdings kann es passieren, dass Rücksichtslosigkeit überhand nimmt und der junge Löwe-Aszendent in dieser Phase alle Menschen in seinem Umfeld überrennt. Darauf sollten Sie achten, denn damit schaffen Sie sich eine Menge Gegner.

Sie sind in dieser Phase vollkommen mit dem Aufbau der äußeren Welt und deren wertvollen Dingen beschäftigt.

Verpflichtungen: Es ist in dieser Phase wichtig, sich nicht derart viele Verpflichtungen aufzuladen, dass Sie für viele Jahre total eingebunden und festgelegt sind, dass schier keine Luft zum Atmen bleibt. Spätestens ab dem 42. Lebensjahr werden Sie sonst versucht sein, unkontrolliert auszubrechen und Brücken hinter sich abzubrechen. Sie sollten rechtzeitig Vorsorge treffen, dass Ihnen später Zeit für andere Dinge bleibt.

Die sieben Jahre zwischen 35 und 41, Fische-Qualität

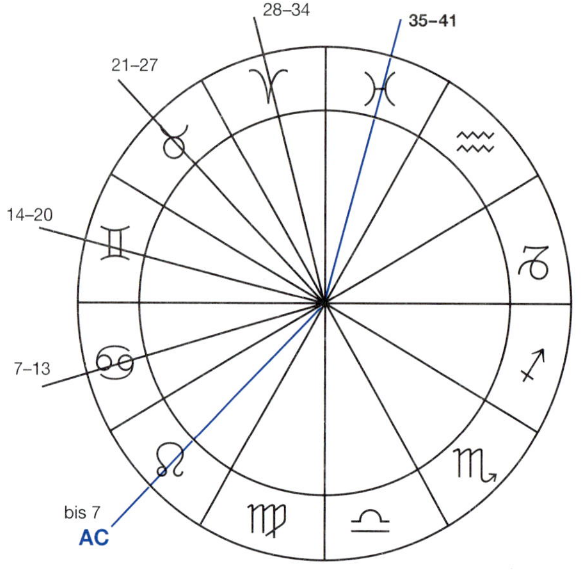

In dieser Phase müssen Sie darauf achten, dass Sie nicht in ein »neues« Leben flüchten, das Ihnen Nachteile bringen kann.

Neuorientierung: Waren dem Löwe-Aszendenten im vorangegangenen Zyklus die äußeren Begebenheiten wichtig und wollte er mit Macht in dieser äußeren Welt nicht nur bestehen, sondern möglichst gewinnen, so gibt diese neue Zeitqualität seinem Leben auch eine neue Richtung. Gleich zu Beginn dieses Zyklus stellt sich sehr oft heraus, ob Sie sich zu sehr angepasst haben oder ob Sie in den letzten Jahren imstande waren, Ihre ureigenen Maßstäbe auszubilden, auf sich selbst zu hören und sich selbst verpflichtet zu sein. Ist das nicht der Fall, kann es nämlich sein, dass Ihnen jetzt alles zu viel wird. Sie könnten in ein »neues« Leben, in eine neue Beziehung, in den Alkohol flüchten oder Workaholic werden. Damit könnten Sie sich eine Menge Feinde schaffen, die Sie auch bekämpfen. Es besteht auch die Gefahr, dass Sie Ihre Ressourcen überschätzen oder einem Betrug aufsitzen.

Begegnungen: Die Menschen, denen Sie jetzt begegnen, unterscheiden sich wahrscheinlich von Ihrem bisherigen Bekanntenkreis. Vielleicht verunsichern Sie diese Begegnungen, weil Gedanken und Einstellungen an Sie herangetragen werden, die nichts mit Ihrer bisherigen Auffassung von Welt zu tun haben. Sie sollten aber genau prüfen, ob es sich wirklich um Spiritualität, um bewusstseinserweiternde Gedanken handelt oder ob Sie sich im Nebel wirrer Gedanken verirren.

Besonnenheit: Ungefähr zwischen dem 39. und 42. Lebensjahr konzentrieren sich Einflüsse, die eigentlich alle darauf angelegt sind zu überprüfen, ob das, was der Löwe-Aszendent aufgebaut hat, auch einigermaßen standhält. Wichtig ist, dass Sie in dieser Zeit besonnen reagieren und Ihr persönliches Umfeld so gestalten, dass es mit Ihrer jetzigen geistigen Entwicklung mithalten kann. Illusorische Träume sollten nicht verfolgt werden, sondern ausschließlich Projekte, die sich auch realisieren lassen. Sie sollten Pläne nur dann in die Tat umsetzen, wenn Sie auf festen Beinen stehen, wobei Sie möglicherweise auf ganz andere Themen stoßen als früher, sich eventuell sogar für ganzheitliche und alternative Möglichkeiten interessieren. Welche Richtung Sie jetzt auch einschlagen, Sie führen Ihre Vorhaben wahrscheinlich ein wenig leiser als früher durch.

Sie sollten während der Fische-Qualität ausschließlich Projekte verfolgen, die sich auch realisieren lassen.

Die sieben Jahre zwischen 42 und 48, Wassermann-Qualität

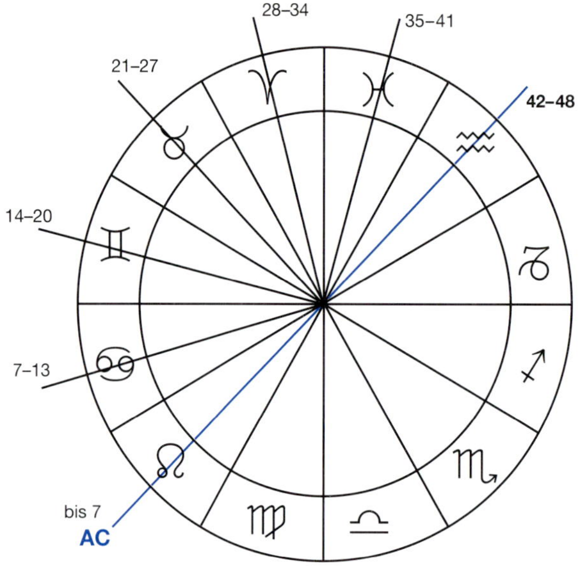

In dieser Zeit können Sie Ihre seelischen Eigenschaften hervorragend weiterentwickeln und endlich Gefühle zeigen.

Offenheit: Wenn der Löwe-Aszendent in den letzten Jahren gelernt hat, der Stimme in seinem Inneren zu vertrauen, die ihn zu Zuwendung und Herzlichkeit geführt hat, erwartet ihn eine gute Zeit der Ernte. Sie sind offen für neue Ideen, Sie können von Ihren Gedanken profitieren, die intuitiven Charakter haben. Es geht in den nächsten Jahren darum, nicht nur sich selbst, sondern auch die Vorgänge in der Umgebung zu analysieren. Haben Sie zu viel an Anpassung geleistet, ist es jetzt wichtig, sich seelisch zu reinigen. Die seelischen Eigenschaften könnten jetzt hervorragend weiterentwickelt werden. Sie können es sich endlich leisten, Gefühle zu zeigen. Das tut Ihrer Löwe-Persönlichkeit überhaupt keinen Abbruch – ganz im Gegenteil.

Beziehung: Gleich zu Beginn dieser Phase wird Ihre innere Einstellung zu Freiheit und Gleichberechtigung getestet.

Diese Fragen betreffen nicht allein das Geschäftsleben, wahrscheinlich wird auch die Partnerschaft während dieser Zeit einer Prüfung unterzogen. Es könnte sein, dass der Partner/die Partnerin plötzlich aus der Beziehung ausbrechen will. Möglicherweise sind Sie es jedoch selbst, der einen völligen Neuanfang auf mehreren Ebenen wagen möchte. Sie müssen sich darüber im Klaren sein, dass Ihre Freiheitsliebe – um jeden Preis mit der Ihnen eigenen Dominanz durchgesetzt – auf Illusionen begründet sein könnte. Im Augenblick sollten Sie Ihre Freiheitswünsche zwar wahrnehmen, aber nicht unbedingt in die Tat umsetzen.

Sie sollten im Augenblick Freiheitswünsche zwar wahrnehmen, aber nicht sofort in die Tat umsetzen.

Verläuft Ihr Leben jedoch nicht in diesem Extrem, kann sich dieser Zyklus so auswirken, dass Sie vielleicht mit Ihrer Familie umziehen oder sich plötzlich gesundheitlichen und analytischen Themen zuwenden.

Die sieben Jahre zwischen 49 und 55, Steinbock-Qualität

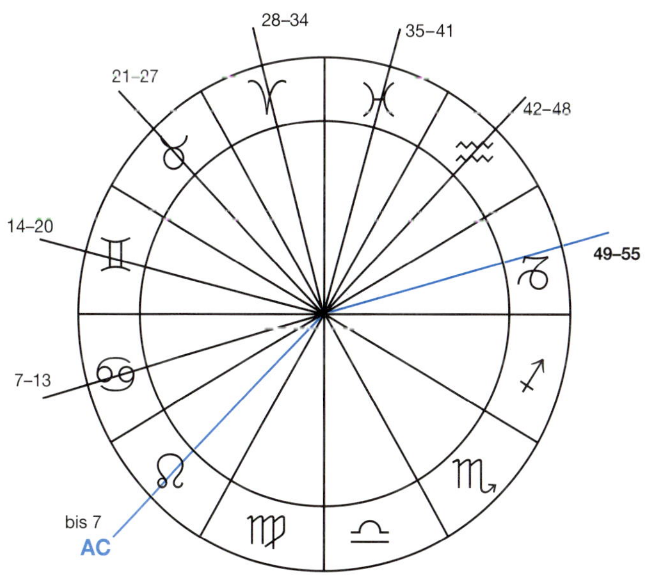

Diese Zeit ist günstig, um mit aller Energie die Krönung Ihrer beruflichen Laufbahn anzugehen und zu vollenden.

Karriere: Je nachdem, was der Löwe-Aszendent aus dem letzten Zyklus mitgenommen hat und auf welchem Fundament er zu stehen gekommen ist, kann dies eine Zeit sein, in der die Krönung seiner beruflichen Laufbahn ins Haus steht. Sie sind ganz in Ihrem Element und können Nägel mit Köpfen machen, um öffentliche Anerkennung oder eine Stellung in der Öffentlichkeit zu erreichen.
Haben Sie zu viele Spielregeln verletzt, kann ein tiefer Fall bevorstehen, vielleicht sogar das berufliche Aus. Möglicherweise müssen Sie eine Zeit der öffentlichen Kritik überstehen.
Familie: In dieser Phase beanspruchen auch die Eltern Ihre Aufmerksamkeit. Dies könnte mit der Gesundheit vor allem des Vaters zusammenhängen. Die intensive Berührung kann auch auf einer rein geistigen Ebene stattfinden, indem Sie sich nämlich von den Regeln und Normen Ihrer Eltern, von deren vorgefertigten Maßstäben endlich befreien.
Älterwerden: Für einen Löwe-Aszendenten ist es besonders schwer, von der Jugend Abschied zu nehmen. Die Männer müssen mit Potenzproblemen fertig werden und verdrehen sich den Hals nach Mädchen, die ihre Töchter sein könnten. Allerdings sehen die komische Note daran sicherlich nur Menschen, die nicht aus dem unmittelbar betroffenen Umfeld dieses Aszendenten kommen.
Auch für Frauen kann dies eine sehr schwierige Zeit bedeuten. Sie müssen sich nicht nur von Jugend und Schönheit trennen, sondern unter Umständen auch von ihren Kindern. Wichtig ist es, sich nicht mit »Hobbys« zu verzetteln und in reinen Aktionismus zu flüchten, schon gar nicht sollten Sie zulassen, in Depressionen zu verfallen oder sich in eine Krankheit zurückzuziehen. Jetzt heißt es, echte Aufgaben zu erfüllen oder sogar neue Aufgaben in Angriff zu nehmen.
Seele: Diese Zeit stellt eine große Herausforderung dar, denn die Entwicklung der Seele kann in diesem Zyklus mit dem gewohnten Löwe-Elan stattfinden und aus Personen wirkliche Persönlichkeiten machen.

Der Löwe und fünf weitere Tierkreiszeichen. Herrad von Landsperg (12. Jahrhundert). Kopie nach der 1870 in der Bibliothek in Straßburg verbrannten Handschrift.

Aszendent Jungfrau

Die sieben Jahre zwischen 28 und 34, Stier-Qualität

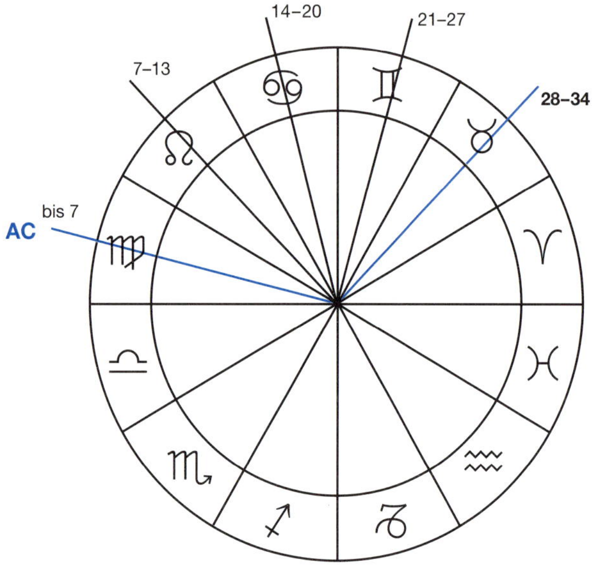

In dieser Phase werden Sie das Leben nach Ihren eigenen Vorstellungen gestalten und möglicherweise heiraten.

Individualität: Jetzt bricht für den Jungfrau-Aszendenten nach den meist gelungenen Lehrjahren eine Zeit an, in der er sich auch mehr den Genüssen zuwendet. Sie werden versuchen, Ihr Leben nach Ihren eigenen Vorstellungen zu gestalten, und sich einen Platz in einer Herde suchen, d.h. Sie werden wahrscheinlich heiraten. Die »neue Herde« können Sie aber auch in einem sozialen Beruf finden. Möglicherweise ändert sich in dieser Zeit auch Ihr Wertebegriff. Dinge, die Ihnen früher wichtig waren, verlieren in diesem Siebenjahresabschnitt plötzlich an Bedeutung und machen anderen Wertigkeiten Platz, denen Sie bis jetzt nicht so viel Bedeutung beigemessen haben.

Stabilisierung: Alles in allem gesehen ist dieser Zyklus nach anfänglichen Höhenflügen eine sehr stabilisierende Phase.

Ansprüche: In diesem Zyklus lernen Sie etwas für den Jungfrau-Aszendenten sehr Wichtiges: sich gegenüber übermäßigen Ansprüchen abzugrenzen. Wie immer hat auch diese Medaille eine andere Seite: Die übermäßigen Ansprüche, die oft von aussen an Sie gestellt werden, tragen Sie auch an andere Menschen heran. Es kann Sie vor vielen Enttäuschungen bewahren, wenn Sie von anderen nicht so viel erwarten. Aus der Tatsache, dass Sie ständig für andere etwas tun, ergibt sich nicht automatisch der Anspruch, dass Sie dafür geliebt und glücklich gemacht werden.

Nach anfänglichen Höhenflügen erleben Sie während der Stier-Qualität eine Zeit der Stabilisierung.

Die sieben Jahre zwischen 35 und 41, Widder-Qualität

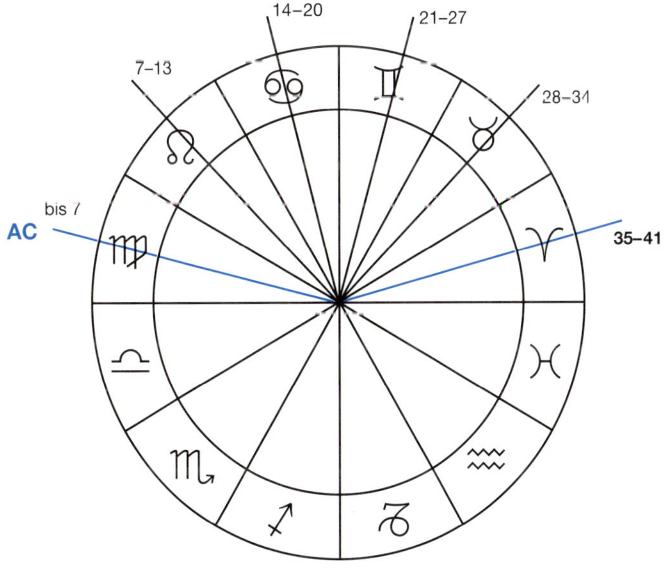

Achten Sie während der Phase der Neuorientierung darauf, mit der konstruktiven Energie richtig umzugehen.

Neuorientierung: In dieser Phase kann es sein, dass das Erbe gemacht, das Häuschen gebaut ist, die Kinder geboren und aus dem Gröbsten heraus sind. Nun stellt sich die Frage: Was mache ich jetzt? Denn jetzt taucht ein neuer Pioniergeist auf, im Jungfrau-Aszendenten erwacht die Amazone oder der kriegerische Held.

Gefahren der Neuorientierung: Das ist grundsätzlich eine sehr konstruktive Strömung und Energie, leider gibt es aber auch etliche Möglichkeiten, mit dieser Zeit nicht richtig umzugehen. Die eine wäre, sich kopflos und unüberlegt in neue Unternehmungen zu stürzen, deren Ausgang ungewiss ist, und dabei Altes zu zerstören, das man auch in der neuen Phase gut hätte brauchen können.

Die umgekehrte Möglichkeit wäre, die neue Lebendigkeit zu unterdrücken. Das wäre fatal. Wenn Sie auf diese Zeitströmung nicht hören und die Energien nicht nutzen, werden Sie sich ziemlich desorientiert und hilflos fühlen, was für einen Jungfrau-Aszendenten besonders verwirrend ist.

Wenn es Ihnen gelingt, eine Umstrukturierung Ihres Lebens energisch und zielstrebig, aber wohl überlegt und in absehbaren Schritten vorzunehmen, gehen Sie aus dieser Zeit mit einem Selbstvertrauen hervor, das nicht mehr so leicht zu erschüttern ist.

Die letzten beiden Jahre leiten einen Zyklus ein, der möglicherweise eine Veränderung Ihrer Einstellung zur Bewältigung des Alltags bringt. Dieser Zyklus wird im nächsten Abschnitt genau beschrieben.

Die sieben Jahre zwischen 42 und 48, Fische-Qualität

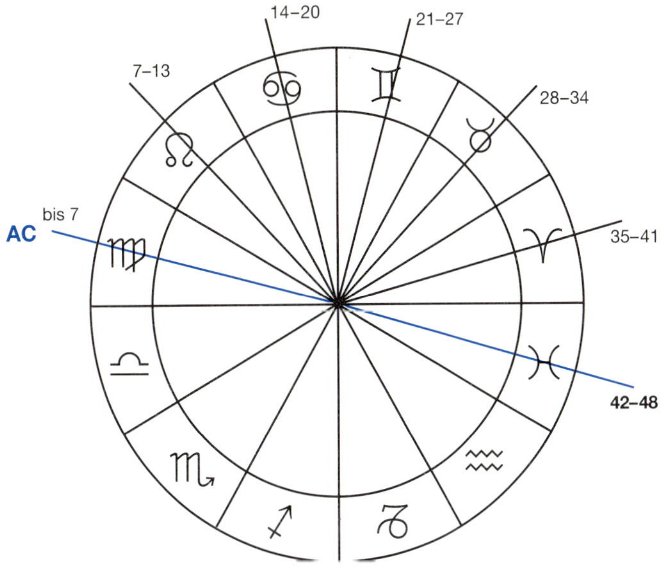

Veränderung des Alltags: Der Jungfrau-Aszendent verändert in dieser Phase möglicherweise seine Einstellung zur Bewältigung des Alltags. Alltag ist keinesfalls als etwas Unwichtiges zu verstehen, es ist vielmehr die Art und Weise, wie wir unser tägliches Leben verbringen. Vielleicht verunsichert Sie die Tatsache, dass Sie nicht – wie im vorangegangenen Siebenjahresrhythmus – mit energischer Tatkraft an die Dinge herangehen, sondern dass Sie in sich hineinhören, sich am liebsten von Entwicklungen und Strömungen tragen lassen möchten.

In dieser Phase möchten Sie sich am liebsten von Entwicklungen und Strömungen tragen lassen.

Gesundheit: Es könnte sein, dass Sie sich sowohl aktiv als auch passiv mit Gesundheitsfragen auseinander setzen oder auseinander setzen müssen. Als echter Jungfrau-Aszendent spüren Sie, wie sehr sich bei Ihnen seelische Probleme körperlich auswirken, mehr als bei jedem anderen Aszendenten-

Der Zusammenhang von Körper und Seele, die »Reinigung der seelischen Verschmutzung«, ist ein zentrales Thema dieser Zeit.

typ. Sie beginnen wahrscheinlich, dank Ihrer medizinischen Begabung, Menschen und Vorgänge ganzheitlich zu sehen. Die Auseinandersetzung mit Verdauungsvorgängen (auch im übertragenen Sinn) und Nahrungszusammensetzung regt Ihren analysierenden und diagnostizierenden Verstand an. Schlussendlich geht es Ihnen um den Zusammenhang von Körper und Seele, die »Reinigung der seelischen Verschmutzung« (Hermann Meyer).

Neue Struktur: Gegen Ende dieser Siebenjahresphase finden Sie ein Stück Struktur, das Sie während der ganzen Zeit vermisst haben. Aber die Struktur, die Sie jetzt finden, kann diesmal Ihre selbst geschaffene sein. Die Chance, fremde Maßstäbe und Vorgaben als solche zu erkennen, sollten Sie unbedingt nutzen.

Die sieben Jahre zwischen 49 und 55, Wassermann-Qualität

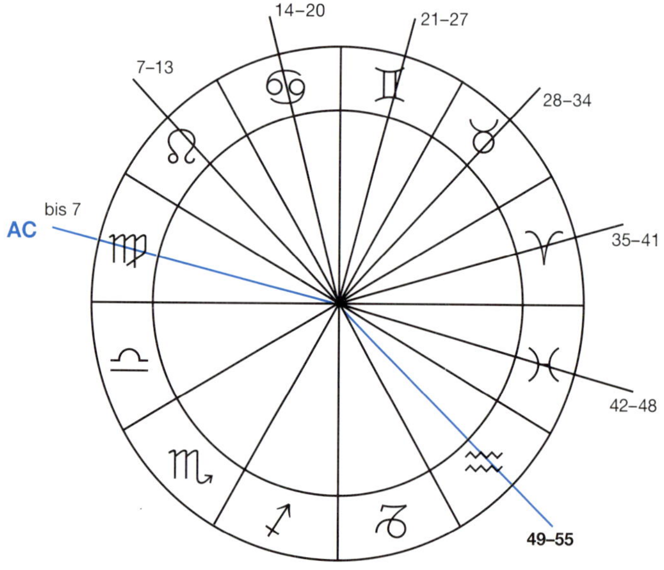

In diesem Zyklus entwickeln Sie mehr Vertrauen sowohl in sich selbst als auch in andere Menschen.

Aktivität: Dieser Zyklus repräsentiert eine Zeit, die den Jungfrau-Aszendenten beflügeln, begeistern und von vielem befreien kann. Wenn Sie sich in der vorangegangenen Phase zumindest in den wichtigsten Bereichen Ihre eigenen Strukturen schaffen konnten, können Sie sich jetzt viel mehr als früher erlauben, offen auf Neues zuzugehen. Sie haben mehr Vertrauen sowohl in sich selbst als auch in andere Menschen. Sie werden dadurch spontaner und risikobereiter. Es kann sein, dass Sie innerlich über sich selbst den Kopf schütteln, denn diese Eigenschaften sind Ihnen im Grunde völlig fremd. Nun verbinden sich Handlungsfähigkeit, Unternehmungs- und Unternehmergeist mit einer einfallsreichen Kreativität. Sie kommen dadurch endlich in die Lage, einen (unter Umständen schon lang gehegten) Herzenswunsch in die Tat umzusetzen. In diesen Jahren erreicht die Lebendigkeit dieses Aszendenten ihren Höhepunkt.

Freiheitswille: Es kann sein, dass Sie bewundert werden für die Art und Weise, wie Sie Ihre enge Umgebung gewähren lassen: dass Sie sich in andere Angelegenheiten nicht einmischen und so gar nichts mehr von dem »Helfer« an sich haben, der Sie früher einmal gewesen sein mögen. Dies aber ist auf Ihren eigenen Freiheits- und Unabhängigkeitswillen zurückzuführen, der sich endlich seinen Weg gebahnt hat.

Aszendent Waage

Die sieben Jahre zwischen 28 und 34, Zwillinge-Qualität

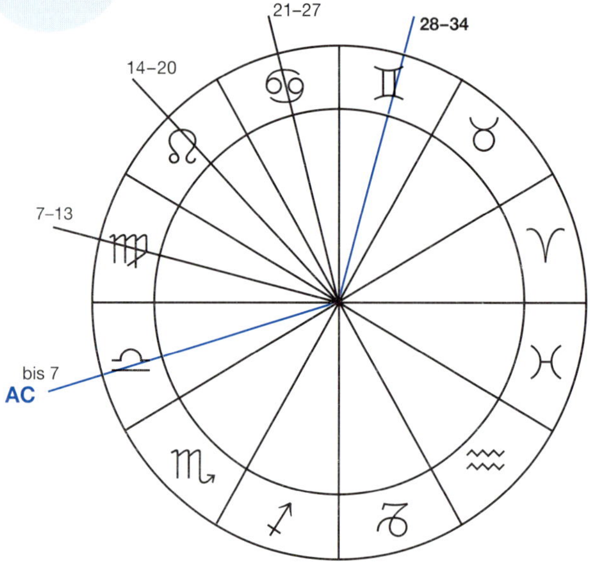

Während der Zwillinge-Qualität fühlen Sie sich besonders intellektuell angesprochen und herausgefordert.

Weltanschauung: Sie sind beruflich die ersten Schritte gegangen und haben sich damit eine Basis geschaffen. Jetzt kommt eine Zeit, in der Sie sich vor allem intellektuell angesprochen und herausgefordert fühlen. Es geht nun darum, das Wertvolle an der eigenen Weltanschauung nicht nur vor und für sich selbst zu formulieren, sondern auch anderen mitzuteilen. Als ein auf Ausgleich und Diplomatie bedachter Waage-Aszendent stellen Sie fest, dass durchaus eine dogmatische Ader in Ihnen steckt und hinter Ihrem Harmoniestreben ein starkes Bedürfnis nach Prinzipiellem vorhanden ist. Jetzt ist die Zeit, die eigenen Grundsätze zu vertreten und diese unmissverständlich mitzuteilen und darzustellen.

Kommunikation: Das kann sich natürlich in vielen Lebensbereichen auswirken – privat wie beruflich. Sie sind dabei durchaus erfolgreich, Sie erleben die Stärke der Kommunikation, die Ihnen erst jetzt voll bewusst wird. Sie sollten allerdings darauf achten, dass andere Menschen das gleiche Recht auf eine eigene Meinung haben. Gegen Ende werden Sie nämlich unter dem Aufeinanderprallen verschiedener Wertvorstellungen zu leiden haben, und Meinungsverschiedenheiten werden Ihr geistiges und seelisches Gleichgewicht empfindlich stören. Ihre Kompromissfähigkeit lässt Sie sicherlich erkennen, dass Fairness in dieser Auseinandersetzung Ihre beste Waffe ist.

Die Stärke der Kommunikation wird Ihnen voll bewusst. Sie sollten allerdings dabei die Meinung der anderen respektieren.

Die sieben Jahre zwischen 35 und 41, Stier-Qualität

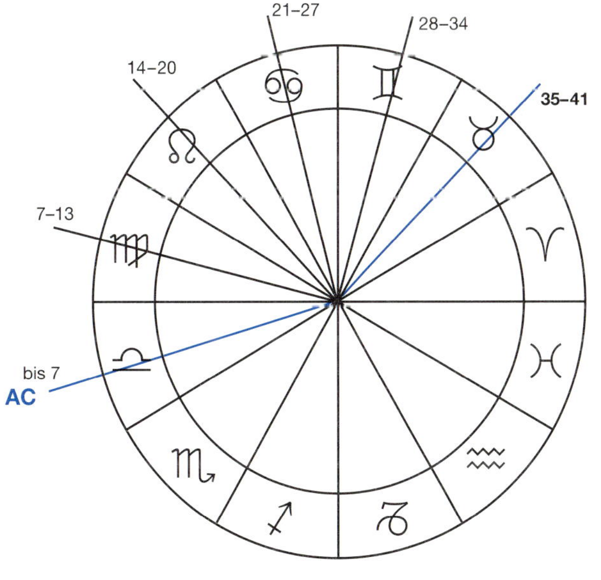

Meinungsverschiedenheiten verlagern sich in dieser Phase auf den partnerschaftlichen Bereich.

Partnerschaft: Meinungsverschiedenheiten und Grundsatzdiskussionen verdichten und verlagern sich in dieser neuen Siebenjahresphase vorwiegend auf den partnerschaftlichen Bereich. Es ist dies eine Zeit, in der Sie etwas Grundsätzliches über die Struktur partnerschaftlicher Beziehungen lernen können: den Widerspruch zwischen Eigensicherung und Hingabe an den anderen.

Jetzt geraten Sie unter Umständen voll in diesen geradezu klassischen Beziehungskonflikt, der Sie mit der Frage konfrontiert, ob Sie den Partner als Garanten Ihrer Sicherheit benutzen wollen oder als Du, dem Sie sich liebevoll hingeben. Die Lektion dieser Phase lautet, dass Sicherheitsstreben und Hingabe einander ausschließen. Die Lösung dieses Konflikts läge darin, sich selbst so viel Sicherheit zu geben, dass der Partner dafür nicht mehr zuständig sein muss. Wenn man dafür Sorge trägt, sich selbst ernähren zu können, wirkt sich das auch positiv auf das Selbstwertgefühl aus. Wirkliche Hingabe setzt nicht nur voraus, für sich selbst sorgen zu können, sondern auch die Fähigkeit, sich selbst wertvoll zu fühlen, sich selbst zu achten und anzunehmen.

Sie sollten diese Phase nutzen, wenn diese Themen für Sie relevant werden, sonst stehen Sie am Ende womöglich ohne Partner und ohne Einkommen da – bar jeglichen Selbstwertgefühls und Selbstbewusstseins.

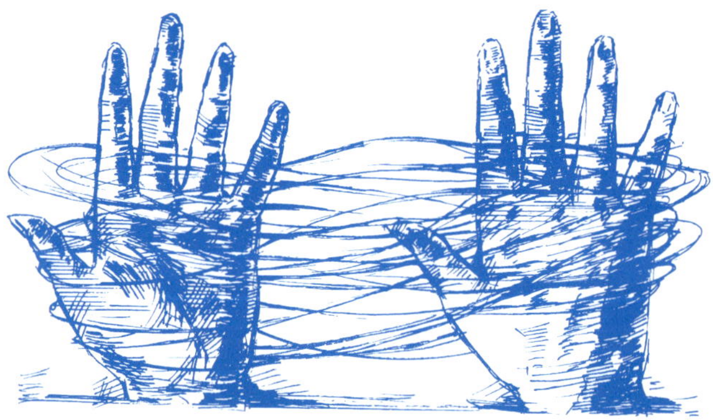

Die sieben Jahre zwischen 42 und 48, Widder-Qualität

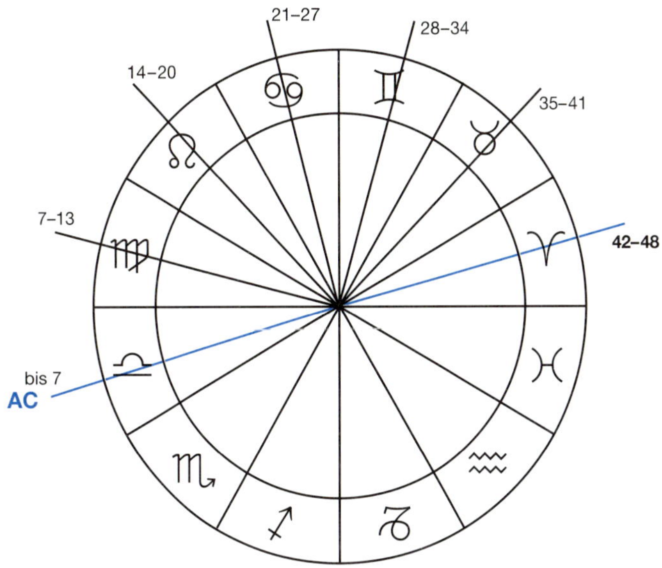

Neue Energie: Nach all den Schwierigkeiten, die möglicherweise im letzten Zyklus aufgetaucht sind, werden Sie nun glücklicherweise mit einer neuen, kraftvollen Energie versorgt. Jetzt können Sie – auch in der Partnerschaft – einen Neuanfang wagen, denn diese Zeit ermöglicht eine Neuverteilung der Rollen im Sinne der Ausgewogenheit zwischen Ich und Du, der Balance zwischen Durchsetzung und Eigensicherung auf der einen, Kompromissbereitschaft und Hingabefähigkeit auf der anderen Seite. Sie sollten allerdings darauf achten, dass Sie diese Energie nicht an den Partner abgeben, der sie dann aggressiv gegen Sie wenden kann.

In der Widder-Qualität werden Sie mit einer neuen kraftvollen Energie versorgt. Sie können auch in der Partnerschaft einen Neubeginn wagen.

Die Lektion dieser Jahre bezieht sich jedoch nicht nur auf den richtigen Umgang mit der Energie in der Partnerschaft – diese Zeit soll Sie generell den Umgang mit Ihrer Energie lehren, denn Durchsetzungskraft, Kampfgeist, Auseinander-

Sie sollten diese Siebenjahresphase nutzen, um mittels der reichlich vorhandenen Energie den Ertrag aus der täglichen Arbeit zu ziehen.

setzung und Konfrontation gehören nun einmal zum Leben. Es kann sein, dass Sie auch am Arbeitsplatz, im konkreten täglichen Arbeitsprozess gefordert werden, Ihre Durchsetzungsfähigkeit gegen Aggressionen anderer Menschen zu erproben. Gerade als Waage-Aszendent bietet sich jetzt die Chance, Ihren spezifischen Charme zur »Verpackung« des Kampfgeistes zu gebrauchen.

Nutzen Sie diese Zeit, konsolidieren Sie sich, jetzt haben Sie genügend Energie dazu. Verachten Sie dabei auch nicht die Banalität, die selbst der interessantesten Arbeit beigegeben ist. Sie nimmt den Großteil des Lebens in Anspruch und bedarf deshalb besonderer Aufmerksamkeit. Die Basis, die Sie sich in dieser Zeit schaffen können, wird für den jetzt folgenden Abschnitt wichtig, denn er bringt eine Zeit, die Sie sehr verunsichern kann.

Die sieben Jahre zwischen 49 und 55, Fische-Qualität

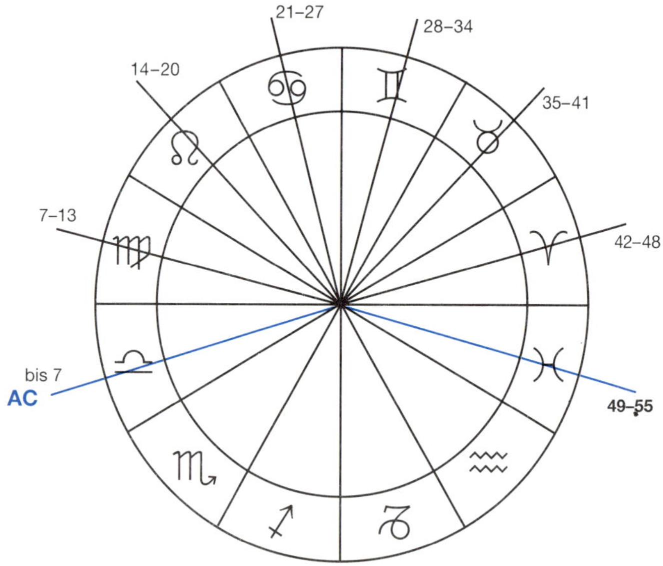

Entspannung: Es ist ein Gesetz, dass einer Phase intensiver Energie eine Zeit der Entspannung folgt – entscheidend dabei ist die Qualität der »Entspannung«. Haben Sie die Energien der vorangegangenen Phase vergeudet und Ihre Durchsetzungskraft an andere abgegeben, deren Aggressionen gefüttert, dann erleben Sie die Entspannung als Verwirrung, Vernebelung, gleichsam wie in Narkose und diesen Zyklus als eine Phase der Ohnmacht und Hilflosigkeit. Haben Sie das Energiepotential hingegen voll genutzt, dürfen Sie die jetzige Zeit als Sanftheit, Leichtigkeit und Geborgenheit eines zur Ruhe kommenden Menschen, als beschauliches Innehalten erleben.

Warmherzigkeit: Jetzt kann der zwar liebenswürdige, aber im Grunde etwas kühle Waage-Aszendent echte Herzlichkeit entwickeln, und aus dem Diplomaten kann ein warmherziger Mensch werden, der sich nicht scheut, sich seelisch berühren und bewegen zu lassen. Das beeinflusst auch unmittelbar Ihre Handlungsfähigkeit, die Art Ihres Selbstausdrucks, Ihre Kreativität. Handeln ist jetzt für Sie nicht unbedingt ein bewusster, geplanter, mehr oder weniger durchorganisierter Akt. Sie werden vielmehr in Ihren Handlungen von einem tiefen inneren Wissen geleitet, als seien Sie Ihr eigener Schutzengel. Ihr Tun erhält eine Art schlafwandlerische Sicherheit. Was Sie auf diese Weise in dieser Zeit schaffen und erschaffen, kann Sie mit der stillen Freude eines schöpferischen Menschen erfüllen.

Aus dem liebenswürdigen, im Grunde jedoch eher kühlen Waage-Aszendenten kann in dieser Zeit ein warmherziger Mensch werden.

Aszendent Skorpion

Die sieben Jahre zwischen 28 und 34, Krebs-Qualität

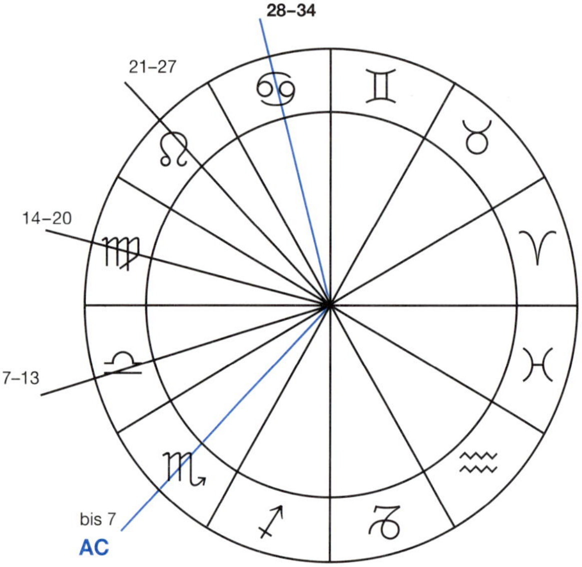

In der Zeit der Krebs-Qualität beginnt für Sie eine Phase der Innenschau. Sie sollten Ihre weiche, gefühlvolle Seite betonen.

Innenschau: Nachdem Sie die Welt bereist und sicherlich auch an Ihrem beruflichen Platz gebaut haben, beginnt nach jener Eroberungsphase die Zeit der Innenschau, d.h., sie sollte beginnen, denn manche Menschen verdrängen ihre Gefühle auch dann noch, wenn eigentlich die Zeit dafür gekommen ist.

Ihre weiche, gefühlvolle Seite sollte jetzt zu ihrem Recht kommen. Sie sollten auf Stimmungen hören, Ihrem emotionalen Berührt- und Betroffensein folgen. Das macht verletzlich, bricht Schutzschilder auf und ist besonders für einen selbstbestimmten Skorpion-Aszendenten, der Schwäche verachtet, reichlich irritierend. Sie sollten aber wenigstens vor sich selbst für diese Innenschau offen sein. Die Gefahr dabei ist, dass Sie gar nicht auf Ihre Seele treffen, sondern nur darauf, wie diese Ihrer Vorstellung nach sein soll.

Familie: In dieser Zeit ist Ihre Beziehung zur Mutter ein vorrangiges Thema. Sie sollten sich der Abhängigkeit stellen, die Sie ihr gegenüber spüren, den Aufwallungen von Liebe und Hass, Ihren Verletzungen und der manchmal damit verbundenen ohnmächtigen Wut aus der Kleinkindzeit. Es geht um die innere Lösung von dieser Zeit – und sollten Sie selbst Mutter sein, wäre es klug darauf zu achten, nicht zu klammern und überfürsorglich zu kontrollieren.

Die Beziehung zur Mutter ist vorrangiges Thema dieser Zeit. Es geht um die innere Loslösung und Beseitigung von Seelenqualen.

Seelische Leidenschaft: Wenn Sie die Abhängigkeit und Verstrickung in Ihrer Mutter-Kind-Beziehung, die zwanghafte Vorstellung davon, wie diese aussehen muss, einmal aufgelöst und hinter sich gelassen haben, begegnen Sie einer reichen inneren Quelle, der Fähigkeit zu tiefer seelischer Leidenschaft. Sie sollten lernen, sich und andere nicht zu quälen, loszulassen, Abschied zu nehmen von festgefahrenen emotionalen Mustern, Ihre Gefühle fließen zu lassen. Sie müssen sich auch nicht scheuen, bei solchen »Sterbe- und Werdeprozessen« therapeutische Hilfe in Anspruch zu nehmen.

Die sieben Jahre zwischen 35 und 41, Zwillinge-Qualität

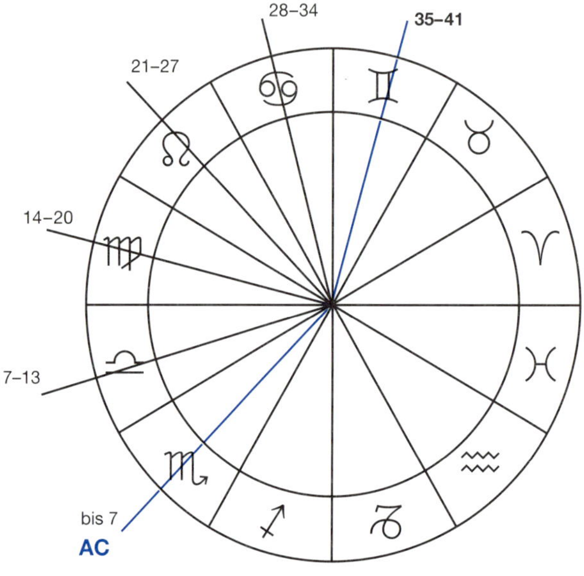

Nach der notwendigen Innenschau ist die Zeit jetzt günstig für Kontakte zu anderen Menschen und schöne Erlebnisse.

Kommunikation: Nach der notwendigen Innenschau und harten Gefühlsarbeit im letzten Zyklus haben Sie Ihren »Seelenmüll« beseitigt. Sie sind jetzt wieder in der Lage aufzutauchen, nach tiefgründigen Selbstgesprächen in Begegnung, Austausch und Partnerschaft mit anderen Menschen zu kommunizieren. Die Zeit ist jetzt günstig für Kontaktfreude und das schöne Erlebnis, verstanden zu werden. Sie können hinter Ihrer Maske hervortreten, sich zeigen und darstellen, das Feedback des anderen genießen. Auch wenn Ihnen diese Leichtigkeit oberflächlich erscheint, ertragen Sie es, Menschen in Ihre Verschlossenheit, Ihren Stolz mit einzubeziehen, indem Sie sich der Kommunikation stellen. Gerade die Spannung von Selbstbestimmtheit und Zugehörigkeitsbedürfnis macht die Öffnung zum Du reicher und tiefer, als wenn Sie von Haus aus leichtlebig und unkompliziert wären.

Sie sollten also Hinwendung, Zuwendung, Miteinbeziehen in einem wechselseitigen Kommunikationsprozess suchen und sich nicht verunsichern lassen, wenn Ihnen Ihre bewährte Fähigkeit der Kontrolle dabei entgleitet.

Die sieben Jahre zwischen 42 und 48, Stier-Qualität

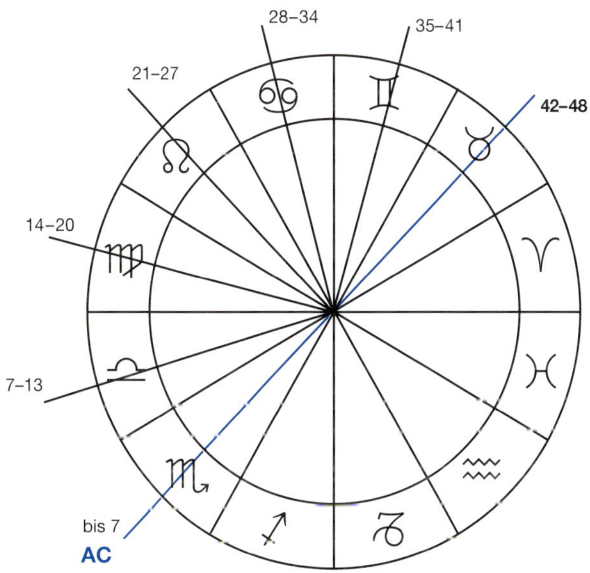

Verunsicherung: Auch zu Beginn dieses Zyklus spüren Sie eine Verunsicherung aufgrund eines sonst eher ungewohnten Kontrollverlustes, diesmal allerdings auf einer anderen Ebene. Jetzt steht die Arbeitswelt zur Debatte und bedarf einer sorgfältigen Analyse. Die Rolle eines kritischen, selbstkritischen und genauen Beobachters ist jetzt angeraten. Sie sollten lernen, Arbeitsprozesse zu analysieren, Ihren Standort am Arbeitsplatz und im Arbeitsgeschehen ausfindig zu machen, damit Sie Ihren angemessenen Raum finden können. Sie sollten sich zudem fragen, was Ihnen die Arbeitskollegen

In dieser Zeit bedürfen die Arbeitswelt und Ihre Arbeitssituation der genauen Analyse. Sie sollten jetzt selbstkritisch und genau beobachten.

Niemals vorher war die Zeit günstiger, Ihre kreativen Vorstellungen und Möglichkeiten in die Tat umzusetzen.

als Ersatzfamilie bedeuten. Von der Herde gewärmt zu werden, kann etwas sehr Schönes sein und soll hier auch nicht abgewertet erscheinen. Die Gefahr, der man sich dabei aussetzt, ist jedoch vielfach, Dienstliches mit Privatem zu vermischen und Veränderungen hinauszuzögern, weil man sein »Kollegennest« nicht verlassen will. Später bereut man es, weil es abhängig macht, Grenzen verwischt, die Initiative für einen Neubeginn lähmen kann.

Arbeitswelt: Schließlich geht es bei der Analyse der eigenen Arbeitswelt auch darum, welchen Stellenwert materielle Dinge besitzen, wie viel davon gebraucht wird, wie das Verhältnis von Arbeit und Geld zu gestalten ist. Die grundsätzliche Frage aber, die hinter der vordergründig wirtschaftlichen Perspektive steht, lautet: Was ist die Arbeit wert, und was sind Sie sich genau in diesem Zusammenhang selbst wert?

Die sieben Jahre zwischen 49 und 55, Widder-Qualität

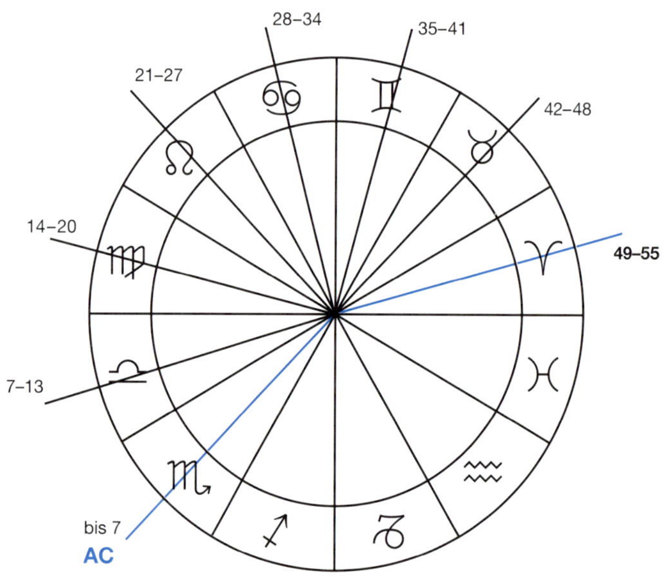

Kreativität: Die Frage des Wertes, die Sie sich gegen Ende des letzten Zyklus gestellt haben, führte vielleicht zu der Erkenntnis, selbst Ihr bestes Kapital zu sein. Niemals vorher war die Zeit günstiger, dieses Kapital einzusetzen. Jetzt beginnt in der Tat die kreativste Zeit in Ihrem Leben, denn erst jetzt sind Sie zu Ihrer ureigenen Art des Selbstausdrucks fähig. Das bedeutet nicht, dass Sie vorher nicht Wesentliches zustande gebracht hätten. Dabei verwirklichten Sie zwar Facetten, Elemente Ihrer Persönlichkeit, brachten aber nicht Ihren Wesenskern zum Ausdruck.

Neubeginn: Jetzt bietet sich die Möglichkeit, sich bewusst handelnd, ziel- und projektorientiert gleichsam neu zu erschaffen. Viele Menschen springen in dieser kreativen Hoch-Zeit aus einer alten Berufslaufbahn und beginnen neu. Der Wechsel ist oft so tiefgreifend, dass sich damit auch das soziale Umfeld und der soziale Status verändern können. Sie sollten diese lebendige, dynamische Phase, die Energie und den Mut, die Ihnen jetzt zur Verfügung stehen, nutzen und nicht nur in berufliche Projekte investieren. So schöne Themen wie Vergnügen, Spiel und Liebesleben, die ebenfalls in dieser Phase angesprochen sind, sollten nicht zu kurz kommen.

In dieser Zeit kreativer Höchstleistungen ist es durchaus möglich, dass sich Ihre Berufslaufbahn und damit das soziale Umfeld ändern.

Aszendent Schütze

Die sieben Jahre zwischen 28 und 34, Löwe-Qualität

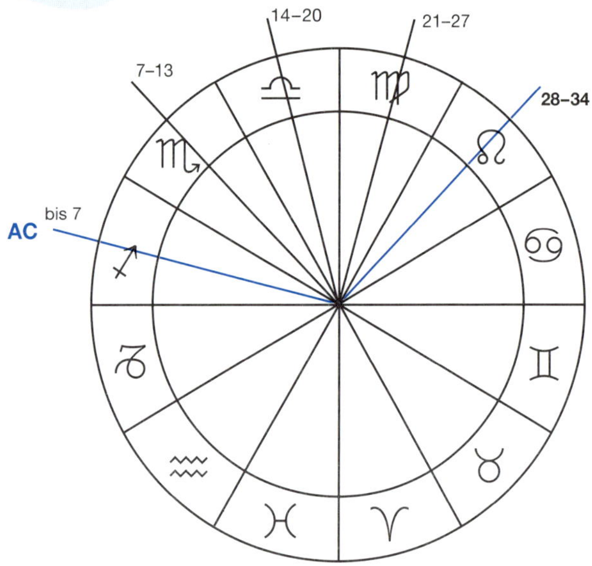

Sie ändern in dieser Zeit Ihre Einstellung gegenüber Menschen und Dingen, weil Sie mit dem bisher Erreichten nicht ganz zufrieden sind.

Wandlung des Selbstbildes: Sie haben sich wahrscheinlich in der letzten Phase ein wenig kleiner gesetzt, mussten Sie sich doch an äußere Gegebenheiten anpassen, um sich eine ordentliche bürgerliche Existenz aufzubauen. Irgendwie rechnen Sie damit, dass Ihnen jetzt nichts Unvorhergesehenes mehr geschehen kann, aber ganz zufrieden sind Sie dabei nicht. Möglicherweise begegnen Sie in dieser neuen Phase Gönnern, die Sie auf Ihrem Lebensweg fördern, andererseits spüren Sie, wie Ihre innere Einstellung gegenüber Menschen und Dingen, Ihr Menschen- und Selbstbild sich wandeln. Optimismus und Risikofreude werden jetzt stark stimuliert und katapultieren Sie in eine Expansionsphase, in der Sie sich Dinge zutrauen, die Sie vorher nicht wagten.

Selbstüberschätzung: Dagegen wäre nichts einzuwenden, gäbe es da nicht die Gefahr der Selbstüberschätzung, in der Sie jetzt dazu neigen könnten, den Bogen zu überspannen – und zwar nach zwei scheinbar unterschiedlichen Richtungen: Entweder steigt Ihre Dominanz ins Überhebliche und Sie fühlen sich als der Größte, was sich vor allem in der Partnerschaft zeigt – oder Sie wenden das Blatt gegen sich selbst, indem Sie, vom Glanz eines fördernden Gönners und Mentors in Gestalt eines Partners geblendet, in die bewundernde Kindchenrolle zurückfallen und Ihre Selbstständigkeit verlieren.

Widmen Sie sich in dieser Zeit mit ganzem Herzen tatkräftig und vertrauensvoll Ihren Aufgaben, und stellen Sie diese auf ein solides Fundament.

Tatkraft und Vertrauen: Den größtmöglichen Nutzen können Sie aus dieser Phase ziehen, wenn Sie sich mit ganzem Herzen tatkräftig und vertrauensvoll Ihren Aufgaben widmen, diese kreative Zeit aktiv nützen und Ihre Unternehmungen auf ein solides Fundament stellen, Ihr »Ding durchziehen«, weder sich selbst aufplustern noch andere stattdessen auf den Sockel stellen. Das ist wichtig, denn jetzt schließt sich zusätzlich eine Phase der Verinnerlichung an.

Die sieben Jahre zwischen 35 und 41, Krebs-Qualität

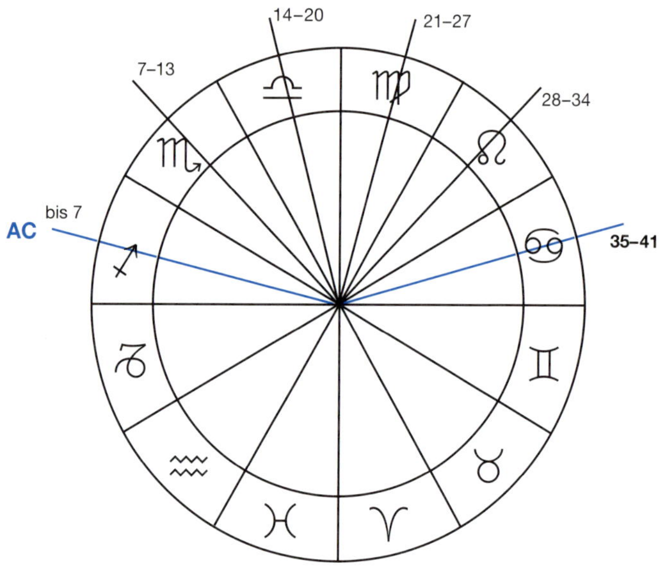

In dieser Phase spüren Sie eine wachsende Sehnsucht nach gefühlsmäßigem Austausch, nach Harmonie und Kommunikation der Seelen.

Sehnsucht nach Harmonie: Nach der vielfältigen Außenorientierung des vorangegangenen Zyklus spüren Sie in dieser Phase eine wachsende Sehnsucht nach gefühlsmäßigem Austausch, nach Harmonie und Kommunikation der Seelen. Vielleicht stellen Sie fest, dass Sie bis jetzt für diesen Bereich zu wenig getan haben. Auf dem Gefühlsklavier spielen zu lernen, ist eine komplizierte Angelegenheit, denn Sie laufen nun Gefahr, Ihre vernachlässigte Gefühlsseite überschwenglich nachzuholen und auszuleben. Sie baden in Gefühlen, steigern sich in Gefühlsausbrüche hinein und überfordern dabei vor allem den Partner, der Sie bestenfalls sentimental und pathetisch findet.

Gleichklang der Gefühle: Sie sollten darauf achten, den Gleichklang von Gefühlen mit Menschen, die Ihnen etwas bedeuten, nicht zu verderben. Diese Menschen können und wollen an Ihrem Gefühlsüberschwang nicht teilhaben. Den Segen der Mitte, der nicht mit Mittelmaß verwechselt werden darf, kann Ihnen die jetzt anschließende Phase schenken.

Die sieben Jahre zwischen 42 und 48, Zwillinge-Qualität

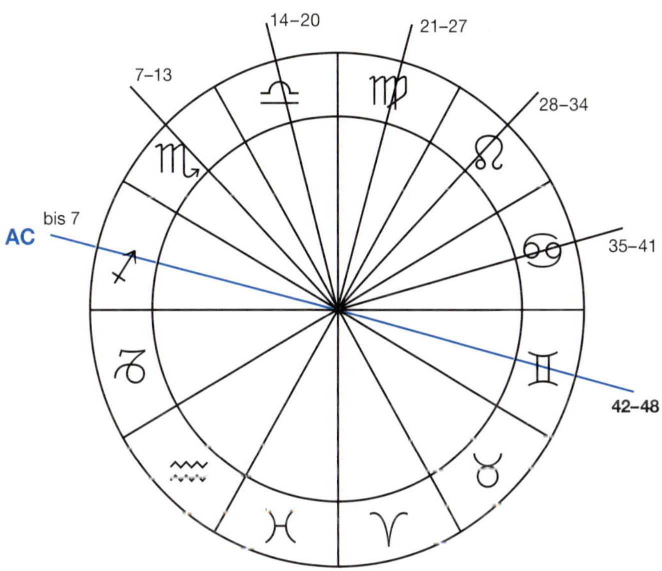

Aussteuerung des täglichen Lebens: Aussteuerung an die Gegebenheiten des täglichen Lebens heißt nun die Devise. Eventuelle Selbstüberschätzung und Höhenflüge finden ihre Grenzen an den konkreten Verhältnissen, auch »Sachzwänge« genannt. Diese in das eigene Leben mit einzubeziehen, sich selbst an ihnen zu korrigieren, sie zugleich nutzbringend zu verwenden und zu verwerten – das ist in dieser Zeit für Sie eine besonders wichtige Aufgabe. Meisterschaft würden Sie entwickeln, wenn es Ihnen gelänge, Höhenflug und »auf dem Teppich bleiben« in souveräner Weise zu verbinden und dabei weder Elan noch Begeisterung zu verlieren.

In dieser Zeit sollten Sie einer eventuellen Selbstüberschätzung entgegenwirken und sich an den konkreten Verhältnissen orientieren.

Arbeit und Kommunikation: Dieser Aussteuerungsprozess bezieht sich vorwiegend auf zwei Lebensgebiete: einmal den Arbeitsbereich, das, was täglich an kleinen und großen Aufgaben zu bewältigen ist. Hier heißt es Sortieren, Analysieren, sich selbst in das rechte Verhältnis setzen, indem man Zeit, Energie und Gewichtung wirtschaftlich einzuteilen lernt, eine »Ökonomie des Daseins« entwickelnd. Der andere Bereich ist das Feld der zwischenmenschlichen Kommunikation. Hier gilt es, klare Botschaften auszusenden und Bereitschaft zu zeigen, dem anderen zuzuhören. Wenn Sie dies tun, bieten Sie Ihrem Gegenüber die Chance, ein strukturiertes Feedback zurückzugeben. Damit werden Sender und Empfänger auf die gleiche Welle gebracht.

Dies ist eine Zeit der Klugheit und Vernunft. Sie entwickeln immer mehr Qualität statt Quantität in Ihren Gefühlen.

Klugheit und Vernunft: Dies ist eine Zeit der Klugheit und der Vernunft, und wenn sie genutzt wird, bedeutet dies zugleich die Reinigung des Gefühlshaushalts: Sie legen Ihre Gefühlsduselei und Ihre hitzige Suche nach überschwenglichen Höhepunkten ab. Dieses Stück bescheidener Anpassung an die Gegebenheiten gibt Ihnen die Möglichkeit, immer mehr Qualität statt Quantität des Empfindens zu entwickeln. Jetzt erst lernen Sie das Zeigen echter Gefühle, was nichts mehr gemein hat mit der Demonstration von Emotionalität.

Die sieben Jahre zwischen 49 und 55, Stier-Qualität

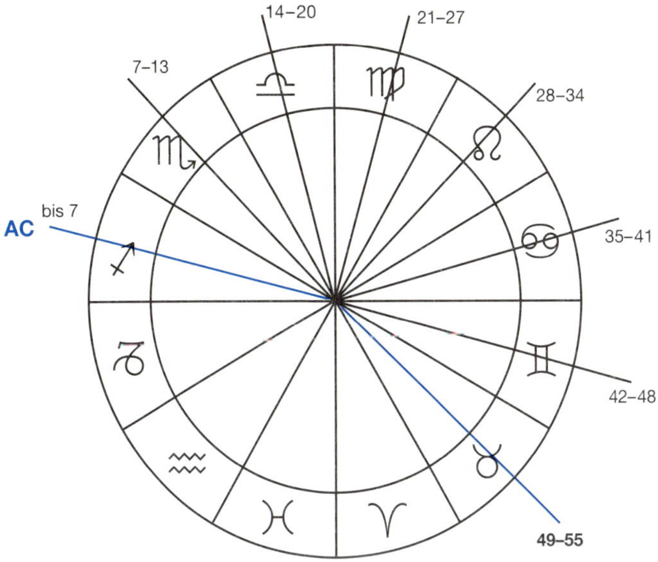

Einsicht: In dieser Phase werden Themen, Befindlichkeiten und Entwicklungsschritte aufgegriffen, denen Sie bereits in der ersten Phase zwischen 28 und 34 Jahren begegnet sind. Was jetzt anders erscheint als damals, ist etwas durchaus Positives: die Möglichkeit, Einsicht in die Grenzen, die weise Beschränkung der eigenen Großartigkeit zu gewinnen.

Pragmatismus und Realitätssinn: Jetzt entwickeln Sie einen guten Instinkt dafür, wie ein Projekt aussehen muss, das Sie in Angriff nehmen und konsequent durchführen wollen. Das kommt daher, dass Ihr Gefühl von Großartigkeit die gesunde Beigabe einer gehörigen Portion von Pragmatismus und Realitätssinn erhält. Jetzt können Sie anderen Ihr Wesen deutlich machen, ohne sich aufplustern zu müssen. Dies ist eine große Chance. Allerdings kann sich die Zeitqualität auch negativ ausdrücken, wenn Sie Ihre Chancen nicht nützen.

Diese Zeit ist günstig für das Planen und konsequente Durchführen von Projekten. Sie entwickeln einen guten Instinkt dafür, wie ein Projekt auszusehen hat.

Aszendent Steinbock

Die sieben Jahre zwischen 28 und 34, Jungfrau-Qualität

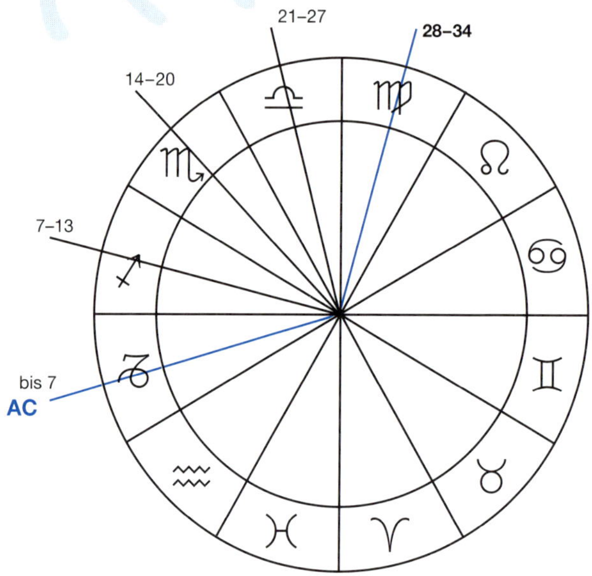

Ihre Zielstrebigkeit und Ihr Ehrgeiz haben Früchte getragen. Dennoch stellen Sie trotz der großen Erfolge die Frage nach dem Sinn.

Identität: Ehrgeiz und Zielstrebigkeit des leistungsbewussten Steinbock-Aszendenten haben Früchte getragen. Sie haben es zu etwas gebracht.

Allerdings fragt Sie niemand, ob das wirklich Sie selbst sind – und genau diese Frage stellen Sie sich jetzt: Was hat das alles mit mir zu tun, machen mich all die Anstrengungen und Erfolge, die mein Leben bestimmt haben, wirklich zufrieden, wärmt und belebt es durch Sinnhaftigkeit? Möglicherweise zeigen Ihnen Hautreaktionen, dass Sie noch nicht Ihren Weg gefunden haben. Nach außen vermitteln Sie ein Bild smarter, erfolgreicher Glätte. Niemand weiß, dass es Ihnen eigentlich nicht gut geht – womöglich nicht einmal Sie selbst.

Innehalten: Die Zeitqualität lässt Sie innehalten – so als wollte sie sagen: Schau dich an, wo du stehst, vor allem aber, wie es dir dabei geht! Erstmals könnten Sie das Bedürfnis haben, Ihren Zustand selbst zu analysieren, und zu dem Entschluss kommen, dass Sie Ihr Selbstbild nach und nach korrigieren möchten. Vielleicht schließen Sie sich jetzt Gruppen an, die Selbsterfahrung fördern. Dabei heben Sie sich keineswegs ab, weltfremdes Spintisieren und die Suche nach dem einmaligen Schlüsselerlebnis ist Ihre Sache nicht. Vielmehr bemühen Sie sich um Machbarkeit und Übertragbarkeit veränderter Verhaltens- und Erlebnisweisen in das tägliche Leben – mit kritischer Vernunft als bewährtem Ratgeber.

Diese Zeit ist günstig für ein Innehalten, um sich selbst anzusehen, um seinen momentanen Stand zu beurteilen und das eigene Wohlbefinden zu hinterfragen.

Blick in das Innere: Das tiefe Bedürfnis, nicht ausschließlich gesellschaftlichen Konventionen normerfüllend zu folgen, sondern eigene Maßstäbe zu entwickeln, sollten Sie nicht einem strengen »Das tut man nicht!« opfern. Wenn Sie den notwendigen Blick in Ihr Inneres vermeiden, kann es geschehen, dass Ihr Körper mit chronischen Krankheiten auf Ihre vernachlässigte Seele reagiert.

Die sieben Jahre zwischen 35 und 41, Löwe-Qualität

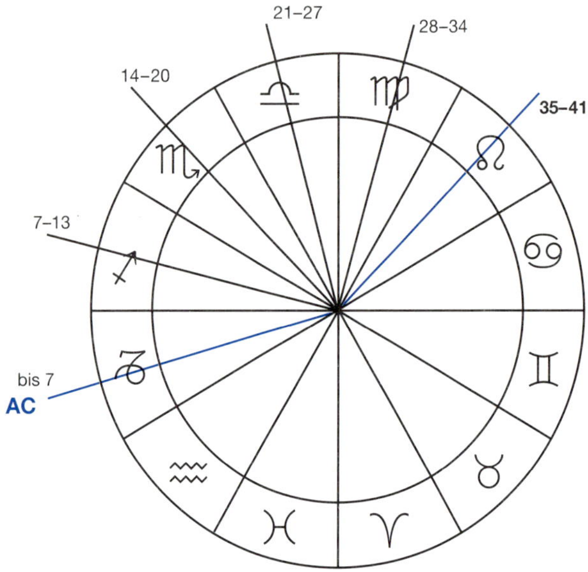

Diese Zeit ist günstig, um eine Vorbildfunktion auszuüben. Dies könnte in Form einer führenden Rolle in einem Verein oder einer Partei zum Ausdruck kommen.

Vorbildfunktion: In dieser Zeit können Sie auf der gesellschaftlichen Ebene eine Art Vorbildfunktion im Kreise von Gleichgesinnten einnehmen. Man überträgt Ihnen möglicherweise eine führende Rolle in einem Verein oder einer Partei, weil man von Ihrer Autorität profitieren möchte. So sehr Sie im Kreise von Wahlverwandten eine kollegiale Gleichberechtigung pflegen, so schwer fällt Ihnen dies in der Partnerschaft: Hier können Sie herrschsüchtige, autoritäre Züge an den Tag legen, denn Sie fordern gern bedingungslose Loyalität und dulden keinen Widerspruch. Was Ihnen Kostbares dabei verloren geht, ist Ihre Herzlichkeit und Lebendigkeit. Wer Partnerschaft nicht als eine wechselseitige Verbindung betrachtet, verliert seine Spontaneität – auf diese Weise werden Beziehungen zu einem starren Ritual mit hierarchischer Rollenverteilung. Allerdings kann Ihnen auch die spiegelbildliche Umkehrung dieser Situation widerfahren: Nicht Sie üben dann Macht aus, sondern Ihr Partner, den Sie jetzt als übermächtig erleben. Die Lösung dieses Konflikts erreichen Sie durch geduldiges gemeinsames Lernen von echter Gleichberechtigung: Jeder lernt lebendige, kraftvolle Selbstbestimmung und »geht neben dem anderen seinen Weg auf dem gemeinsamen Weg« (Hermann Meyer).

Die Lösung von partnerschaftlichen Problemen erreichen Sie durch geduldiges gemeinsames Lernen von echter Gleichberechtigung.

Persönliche Entwicklung: In diesem Zusammenhang sind Sie noch einmal gezwungen, sich mit Ihrem Vaterbild auseinander zu setzen – manchmal ist es das erste Mal. Bei der Frau reift hier die Erkenntnis, dass Männer ihre Entwicklung nicht ebenso einschränken müssen wie ihr Vater, wenn man es nicht zulässt. Dem Mann steht womöglich ein befreiendes Aha-Erlebnis bevor: Ich muß nicht ewig im Schatten meines Vaters leben, unter dessen Dominanz ich schon als Junge gelitten habe.

Die sieben Jahre zwischen 42 und 48, Krebs-Qualität

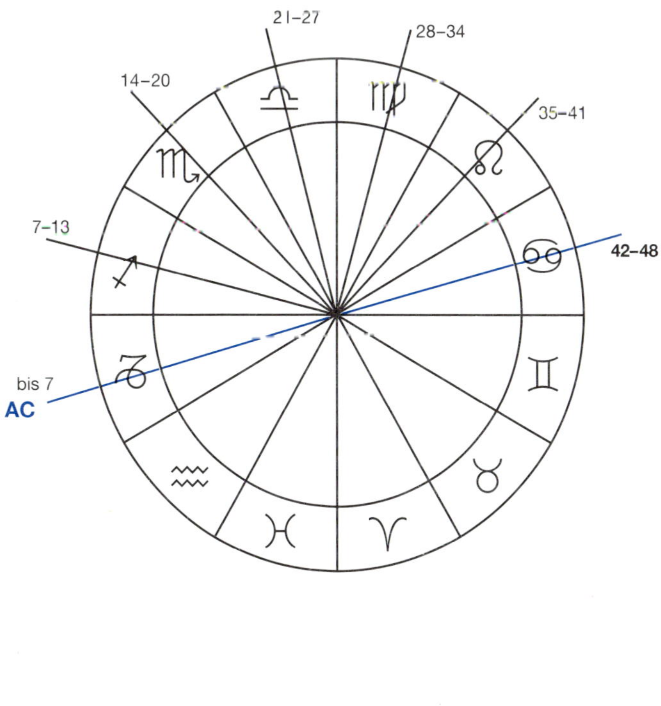

Pflegen Sie Ihre Seele, Ihre Empfindsamkeit. Die weiche Seite des sonst eher spröden Wesens will angenommen sein.

Emotionalität: Sie sind in gesellschaftliche Spielregeln eingebunden, also gehören auch Sachlichkeit, Klarheit und ordnende Strukturierung aller Lebensbereiche zu Ihrem Selbstverständnis. Gefühle, Persönliches sehen Sie gerne als Subjektivismen, die ein reibungsloses Funktionieren und den Prozess der Versachlichung stören. Jetzt aber werden Sie mit Ihrer Emotionalität konfrontiert, was Sie möglicherweise als Überrumpelung erleben. Die Seele, Ihre Empfindsamkeit, Ihre Verletzlichkeit, die weiche Seite Ihres sonst eher spröden Wesens will angenommen und gepflegt werden. Lassen Sie sich darauf ein, werden Sie spüren, dass sich die Verunsicherung in Grenzen hält, denn niemand fordert von Ihnen, dass Sie plötzlich zum »Seelchen« werden oder in spontanen Gefühlsausbrüchen zerfließen. Sie bekommen die Chance, sich Ihren Gefühlen verstandesmäßig zu nähern, Sie dürfen sich mit Ihrem Inneren behutsam und vorsichtig anfreunden und Ihr Wesen zum Gegenstand Ihrer Beobachtung machen. Auch wenn dies ein Widerspruch zu sein scheint: Während Sie wie ein Analytiker Ihre Gefühle zerlegen, steigen diese plötzlich zu Ihnen hoch. Dies sind Augenblicke, die Sie als tiefe Freude erleben. Mit dieser Freude werden Sie Erleichterung spüren. Es fällt Ihnen »der Stein« vom Herzen, denn Sie haben viel Schmerz und auch viel Liebe gesammelt und verdrängt. Solch eine Begegnung ist immer auch ein Wiedersehen mit der Mutter: Enttäuschung und Schmerz, Sehnsucht und Liebe – der Steinbock, so uralt und doch ein bedürftiges Kind, er spürt das besonders.

Bewältigung des Lebens: Auch auf einer anderen Ebene gereicht Ihnen das neu erlernte Zeigen der Gefühle zum Nutzen: Es hilft, das tägliche Leben zu bewältigen, wie es sich im Arbeitspensum, Ihrer Arbeitsweise und Ihrer Einbindung in einen eventuellen Kollegenkreis zu erkennen gibt.

Familie: Wenn Sie in dieser Siebenjahresphase Kinder bekommen, haben Sie verstanden, dass Sie sich ihnen erst jetzt richtig zuwenden können.

Die sieben Jahre zwischen 49 und 55, Zwillinge-Qualität

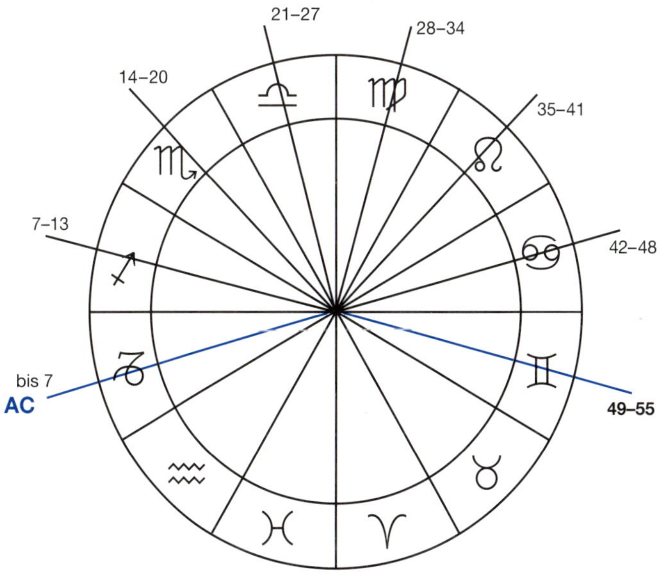

Flexibilität: Ihr angeborener Ernst, Ihre Schwermut lernen nun eine neue Seite kennen. Sie reagieren im Umgang mit Wissen und Information flexibler, entdecken neue Formen der Kommunikation, können auf leichtere Art vermitteln und sich austauschen. Sie sind viel mehr bereit, aus sich herauszugehen. Dieses Potenzial können Sie in der gegenwärtigen Phase höchst gewinnbringend anlegen. Dafür stehen Ihnen mehr Kreativität und Energie denn je zur Verfügung, die Sie immer vorteilhafter für sich selbst einsetzen können.

Mehr Kreativität und Energie als zu einer anderen Zeit ermöglichen neue Formen der Kommunikation, ein leichteres Vermitteln und Austauschen.

Lebendigkeit: Spätestens jetzt entdecken Sie die Lust an Spiel, Bewegung und einem unbeschwerten Liebesleben. Sie können allem Lebendigen misstrauen und mit zunehmendem Alter maßstäblich und maßregelnd immer mehr versteinern oder immer mehr Gelassenheit und Humor entwickeln und die »Leichtigkeit des Seins« jetzt wundervoll genießen.

Aszendent Wassermann

Die sieben Jahre zwischen 28 und 34, Waage-Qualität

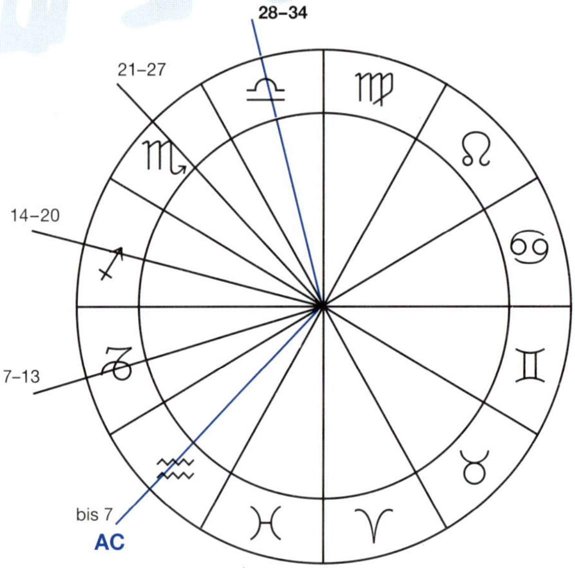

In dieser Phase könnte es sein, dass der Beruf als eine Zwangsjacke empfunden wird, die Sie nicht mehr ertragen.

Freiheit: Jetzt kann der Zeitpunkt sein, dass man den Beruf und die damit verbundenen Pflichten als Zwangsjacke empfindet, weil die Natur des freischwebenden Wassermanns das damit verbundene Festgelegtsein nicht mehr erträgt. Es kann aber auch genauso gut sein, dass Sie sich Ihre Freiheit eben gerade deshalb bewahren, sich als »freier Mitarbeiter« oder als – freilich untypischer – eigener Chef dem gesellschaftlichen Ordnungs- und Sicherungsgefüge bislang erfolgreich entzogen haben.

Nur die instinktsichersten Wassermann-Aszendenten kennen sich selbst auch in dieser Phase gut genug, dass sie eine Beziehung pflegen, in der auf irgendeine Art von vornherein ein Stück Distanz eingebaut ist.

Loslösung und Vereinnahmung: In dieser Phase scheint der Wassermann-Aszendent, den das Bild des »Vogelflugs« (W. Döbereiner) am anschaulichsten kennzeichnet, Hals über Kopf einen Pakt schließen zu wollen, der ihn lebenslang bindet. Vielleicht ist dieses der eigenen Natur so diametral entgegengesetzte Verhalten notwendig, um den nirgends gebundenen, unberührbaren Wassermann überhaupt auf die Welt zu bringen. Wenn die Beziehung Sie total vereinnahmt, lernen Sie erst wirklich, was Freiheit ist. Wenn Sie die Kraft dazu haben, werden Sie den Vertrag zu gegebener Zeit wieder lösen – oder das »Schicksal« übernimmt das für Sie.

Der Wassermann-Aszendent scheint jetzt eine feste Bindung eingehen zu wollen, die seiner Natur diametral entgegengesetzt ist.

Die sieben Jahre zwischen 35 und 41, Jungfrau-Qualität

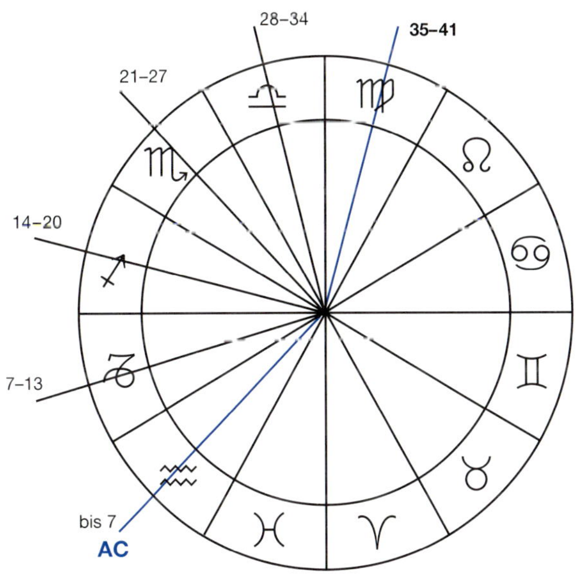

Zu starke Anpassung an den Alltag und innerliche Distanz zu den täglichen Verrichtungen beantwortet der Körper mit Krankheit.

Pflichten des Alltags: In dieser Phase holt Sie der Alltag ein. Sie tragen an Ihren Pflichten schwerer als früher, weil die Routine den Reiz und die Herausforderung des Neuen nimmt. Immer bleibt man bei seinen täglichen Verrichtungen ein Stück unbeteiligt. Die Gefahr dabei ist, dass man sich dessen gar nicht bewusst wird, nicht bemerkt, wie man sich langsam innerlich distanziert. Stattdessen passt man sich immer mehr an, leidet aber gleichzeitig darunter. Oft bemerkt das der Körper eher als Seele und Geist und antwortet mit Krankheit.

Verstand und Analyse: Zugleich ist diese Entwicklung eine Chance: Die Sprache des Körpers bietet Ihnen die Möglichkeit, über Ihre Situation nachzudenken. Jetzt sind Sie fähig, Ihren Verstand einzusetzen und Ihre Lage zu analysieren, auch wenn Sie emotional noch nicht darauf reagieren können. Wichtig ist, die Dinge erst einmal zu durchschauen.

Die sieben Jahre zwischen 42 und 48, Löwe-Qualität

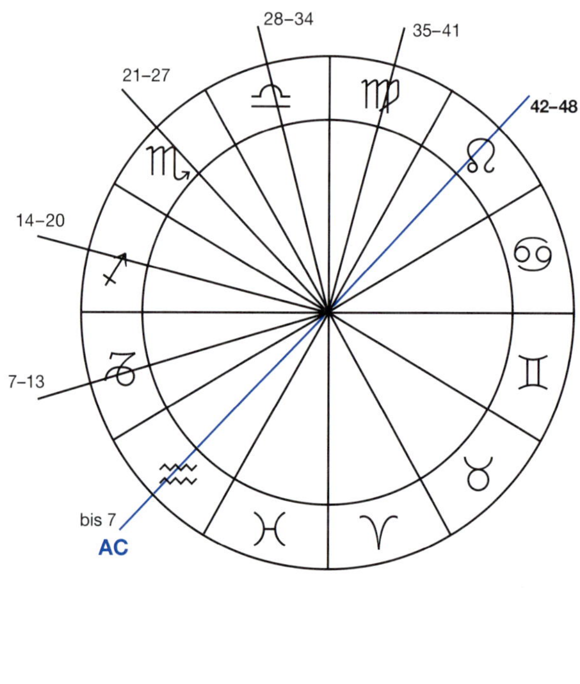

Verstehen der Lebenssituation: Spätestens in dieser Phase dürften Sie in der Lage sein, sich und Ihre Lebenssituation nicht nur mit dem Verstand, sondern auch mit dem Herzen zu begreifen. Das tut zunächst weh, weil etwas zerbrochen ist: die kühle Glasglocke, hinter der Sie sich verbergen. Zum ersten Mal erleben Sie die Welt mit allen Sinnen – Sie riechen und schmecken, Sie fühlen und spüren.

Diese Phase bietet die Chance, sich angemessen der Wirklichkeit anzupassen – die Außenwelt zu berücksichtigen ohne Verleugnen der Innenwelt.

Anpassung an die Wirklichkeit: Da Sie sich meist von Haus aus als Rebell verstehen, sind Sie im letzten Zyklus vielleicht durch eine Phase der Überanpassung gegangen. Nun haben Sie die Chance, sich angemessen an die Wirklichkeit anzupassen, nämlich die Außenwelt zu berücksichtigen, ohne die Innenwelt zu verleugnen, oder die eigene Natur zu leben, ohne die Außenwelt zu ignorieren. Döbereiner nennt das »Aussteuerung«. Das Instrument, das die Aussteuerung vornimmt, sollte Ihre Seele sein, sollte das sein, was Sie wahrhaftig fühlen. Sie sollten sich auf diesen Prozess einlassen, der Krankheit überflüssig macht.

Diesen Zyklus erleben Frauen und Männer meist sehr unterschiedlich. Männer sind von vornherein in irgendeiner Form auf die Berufswelt trainiert, während es für Frauen mitunter nicht einfach ist, sich plötzlich behaupten zu müssen.

Die sieben Jahre zwischen 49 und 55, Krebs-Qualität

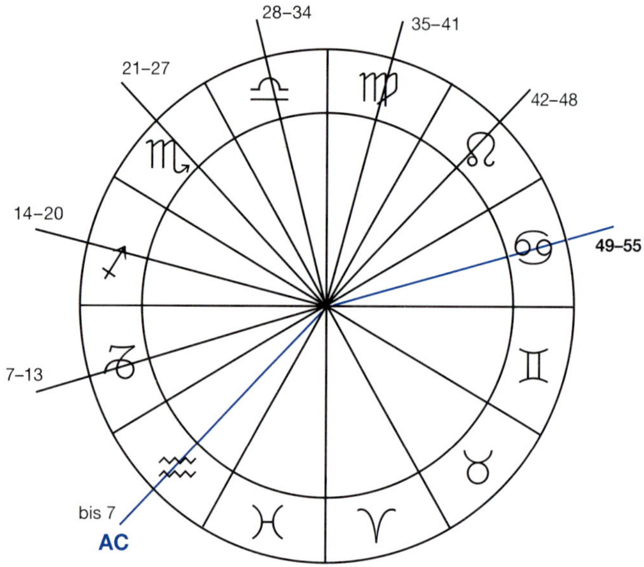

Höhenflüge der Seele: »Too good to be true« möchte man sagen. Vor allem in der Anfangsphase des Zyklus geraten Sie in solch stürmische Höhenflüge der Seele, dass man von einem geradezu euphorischen Zustand sprechen kann. Grenzen scheinen sich positiv aufzulösen, und nicht einmal sinnvolle Einschränkungen vermögen dieses Seelenhoch zu beeinträchtigen.

Dies ist die Phase kreativster Produktivität, die beste Zeit für kraftvollen Selbstausdruck. Die Gefühle können Handlungsgrundlage werden.

Kreative Produktivität: In der Tat ist dies eine Phase kreativster Produktivität, die Zeit für kraftvollen und dynamischen Selbstausdruck, denn Sonne und Mond treffen harmonisch zusammen. Die augenblickliche emotionale Fülle und seelische Ausgeglichenheit sind die Quelle dafür, dass Gefühle zu Ihrer Handlungsgrundlage werden können – also nicht nur empfunden, sondern in wundervolle Aktivität umgesetzt werden.

Unternehmungsgeist: Die Zeitqualität bietet Ihnen die Möglichkeit, mit Unternehmungsgeist und dem Bewusstsein von Individualität aus vollem Herzen zur Tat zu schreiten. Sie müssen diese Gelegenheit beim Schopf packen. All das, was Sie jetzt – im Kleinen wie im Großen – in die Wege leiten und erschaffen, Ihre Unternehmungen und Ihre Werke, bildet die Basis für Ihr weiteres Leben. Jetzt haben Sie die Chance, zu Ihrer ureigenen Individualität zu finden.

Der Wassermann und fünf weitere Tierkreiszeichen. Herrad von Landsperg (12. Jahrhundert), Kopie nach der 1870 in der Bibliothek in Straßburg verbrannten Handschrift.

Aszendent Fische

Die sieben Jahre zwischen 28 und 34, Skorpion-Qualität

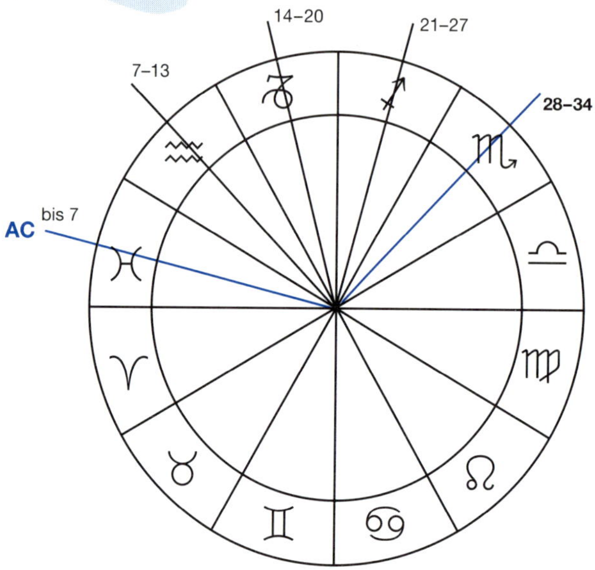

Sie spüren in dieser Phase ganz bewusst die Gefahr, dass andere Menschen Ihnen ihre Vorstellungen aufdrängen wollen.

Traumwandler: Bisher sind Sie wahrscheinlich wie ein Träumer durchs Leben geglitten. Mit traumwandlerischer Sicherheit sind Sie sozusagen über das Seil balanciert, ohne um den Abgrund darunter zu wissen.

Bewusstsein für die Gefahr: Jetzt wird Ihnen der Abgrund bewusst, und Sie spüren die drohende Gefahr. Auf einmal versuchen andere Menschen, Ihnen vehement ihre Vorstellungen aufzuzwingen. Vielleicht überkommt Sie das Gefühl, sich gegen so viel fremde Macht nicht wehren zu können.

Um diesem kräfteraubenden Zustand zu entgehen, könnten Sie sich einnebeln wie ein Tintenfisch, wegtauchen und verschwinden – was Sie allerdings zur Passivität und damit zur Ohnmacht verurteilen würde. Sie könnten allerdings in der Ihnen gegebenen grenzenlosen Phantasiewelt Ihre persönlichen Vorstellungen der Welt in einem eigenen Konzept künstlerisch umsetzen. Auf dieser Ebene ist es nicht mehr möglich, mit »gesundem Menschenverstand« und normalen bürgerlichen Ordnungsbegriffen zu argumentieren. Die Kunst mit all ihren schöpferischen Ausdrucksformen vermag Energie zu binden, denn sie gibt die Möglichkeit zur Transformation. Eine andere Entsprechung wäre der Medizinmann, der Arzt mit magischen Fähigkeiten, der das gesicherte Wissen der Schulmedizin mit der Weisheit und Heilkraft des Schamanen – natürlich auch der Schamanin – verbindet.

Möglicherweise suchen Sie gegen die Vereinnahmung Schutz in der Kunst. Sie bindet Energie und gibt die Möglichkeit zur Transformation.

Die sieben Jahre zwischen 35 und 41, Waage-Qualität

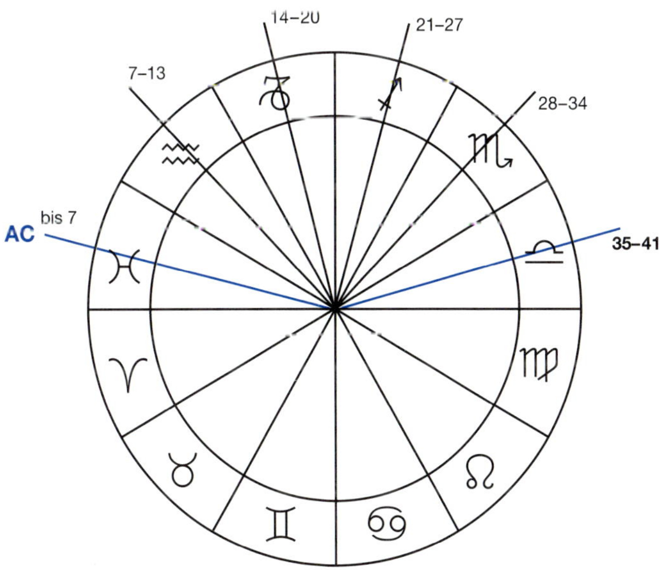

Das große Thema während der Waage-Qualität ist die Beziehung. Augenblicke höchster Glückseligkeit sind wahrscheinlich.

Beziehung: Das große Thema dieser Phase ist die Beziehung. Schon durch Ihre Anlage zur grenzenlosen Hingabe werden Sie natürlich von der Liebe umfassender und tiefer getroffen als jeder andere Aszendent. Sie können gar nicht anders als im anderen aufgehen, mit ihm verschmelzen, bis hin zur völligen Selbstaufgabe. Solch ein Zustand schenkt Ihnen durchaus Möglichkeiten und Augenblicke höchster Glückseligkeit, denn er überkommt Sie nicht wie etwas Fremdes, Unbegreifliches. Vielmehr begegnen Sie sich und dem anderen wie in einem Déjà-vu-Erlebnis: »Ach, du warst in abgelebten Zeiten meine Schwester oder meine Frau.« (J. W. von Goethe an Frau von Stein).

Vielleicht träumen Sie nur den Traum einer Beziehung. Um welche Art der Beziehung es sich wirklich handelt, erkennen Sie erst, wenn nach und nach die Schleier der Illusion zerreißen und Sie schließlich – vielleicht sogar unsanft – auf dem Boden der Realität landen. Diese Ernüchterung ist notwendig, denn es ist durchaus möglich, dass Sie gegen Ende des Zyklus mit einem Zustand der Verwirrung der Gefühle zu kämpfen haben, der den Traum im Chaos versinken lassen kann. Sie bleiben dann mit leeren Händen zurück. Das Bild des entrückten Minnesängers, der verliebt ist in die Liebe, bedeutet eben nicht nur Glückseligkeit, sondern auch Selbst- und Realitätsverlust. Wer auf Dauer nicht mehr erkennen kann, wo er aufhört und der andere anfängt, löscht sich irgendwann aus. Was im Augenblick höchster Wonne – um dieses alte Wort zu gebrauchen – stimmig und durchaus real sein kann, verflüchtigt sich, wenn man es nicht als das nimmt, was es ist: ein Augenblick.

Die sieben Jahre zwischen 42 und 48, Jungfrau-Qualität

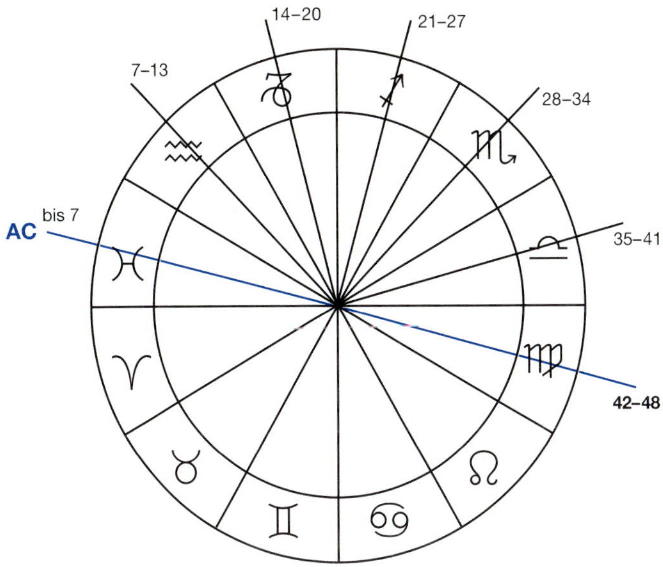

Verwurzelung in der Realität: Kennen Sie das Märchen von der »Kleinen Meerjungfrau«? Jetzt kommt eine Phase, in der Ihnen die notwendige Kraft für eine schrittweise Verwurzelung in der Realität geschenkt wird. Das ist für Sie, der überdies vielleicht am verlorenen Liebestraum leidet, eine mühselige Aufgabe. Dennoch lässt das geduldige Lernen eben dieser Lektion die Seele gesunden. Bleiben wir bei der kleinen Meerjungfrau: Aus der Unendlichkeit des Ozeans steigt sie empor und begibt sich unter die Menschen. Ihren Fischschwanz, der auf der harten Erde der Menschenwelt unbrauchbar ist, muss sie gegen ein Paar Menschenfüße eintauschen und Schritt für Schritt das Gehen lernen.

Während dieser Phase wird Ihnen die notwendige Kraft geschenkt, die Sie für eine Verwurzelung in der Realität benötigen.

Zurechtfinden in der Realität: So ergeht es Ihnen: Schritt für Schritt lernen Sie, sich in der realen Welt zurechtzufinden, sich an die Gegebenheiten des menschlichen Lebens mit all seinen Sorgen und Pflichten anzupassen, sich mit Kleinigkeiten und Alltäglichem auseinander zu setzen. Aber auf diese Art und Weise finden Sie Erdung und Halt und das Gefühl dazuzugehören. Nur so kann das Wichtigste, der reale Kontakt zu sich selbst, hergestellt werden, einem Selbst, das vielleicht erst jetzt Grenzen und damit Konturen gewinnt.

Die sieben Jahre zwischen 49 und 55, Löwe-Qualität

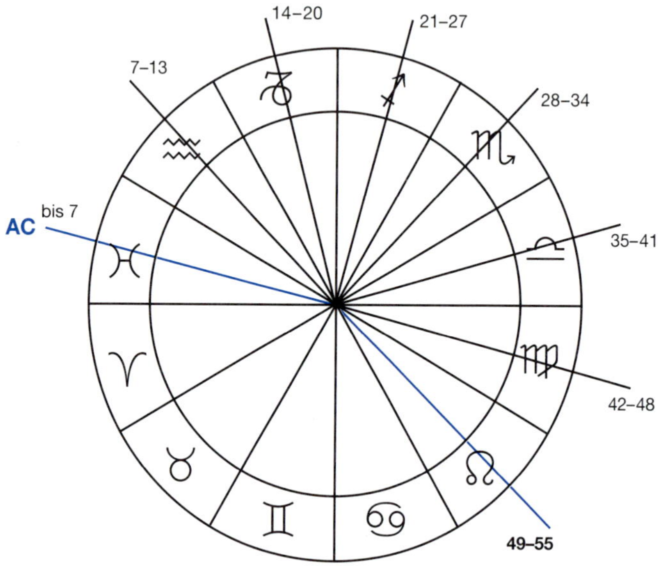

Die Auseinandersetzung mit Kleinigkeiten und Alltäglichem schafft die Voraussetzung, um den realen Kontakt zu sich selbst herzustellen.

Lebensfreude: In der letzten Phase haben Sie wahrscheinlich die notwendige Verwurzelung in der Realität vorgenommen, vielleicht sogar vornehmen müssen; jetzt erscheint Ihnen die neue Zeitqualität wie ein strahlender Sommertag nach trübem, nebligem Wetter. Wie kaum ein anderes Aszendentenzeichen hat der oft leicht verschwommen-verschwundene Fisch in dieser Phase das Glück, von Vitalität und Lebensfreude erfüllt zu werden.

Aktivität: Doppelter Löwe schenkt zweimal Sonne. Plötzlich spüren Sie, dass man das Leben auch selbst in die Hand nehmen und eigenständig gestalten kann, dass man dem Leben nicht passiv begegnen muss, wie es Ihnen eher vertraut ist. Jetzt ist es durchaus möglich, dass Sie ein Schub handfester Kreativität packt – anders als früher, wo diese sanft und manchmal auch unbemerkt durch Sie hindurchglitt. Diese schöpferische Kraft muss sich nicht allein auf den künstlerischen Bereich beziehen. Vielleicht gründen Sie in dieser Phase sogar ein eigenes Unternehmen – oder Sie richten Ihren Kindern eines ein.

In der Löwe-Qualität ist die Verwurzelung in die Realität erfolgt. Sie werden von einer Phase voller Vitalität und Lebensfreude erfüllt.

Feuer im Herzen: Das Beglückendste ist allerdings, dass das Feuer in Ihrem Herzen wärmer und lebendiger als je zuvor brennt. Es stillt die unendliche Sehnsucht des Fische-Aszendenten.

Literaturverzeichnis

Wolfgang Döbereiner: »Astrologisches Lehr- und Übungsbuch«, Band 1–6 (Verlag Wolfgang Döbereiner, München 1978–1987) und »Astrologisch-homöopathische Erfahrungsbilder«, Band 1 (Verlag Wolfgang Döbereiner, München 1982)

Tracy Marks: »Astrologie der Selbst-Entdeckung« (Verlag Hier & Jetzt, Hamburg 1989)

Hermann Meyer: »Astrologie und Psychologie« (Hugendubel Verlag, München 1981), »Psychosomatik und Astrologie« (Hugendubel Verlag, München 1992) und »Gesetze des Schicksals« (Sphinx Verlag, Basel 1987)

Michael Roscher: »Das Astrologiebuch« (Droemer Knaur Verlag, München 1989) und »Praxis der Horoskopinterpretation« (Droemer Knaur Verlag, München 1992)

Howard Sasportas: »Astrologische Häuser und Aszendenten« (Droemer Knaur Verlag, München 1987)

Wilfried Schütz: »Die innere Dynamik des Aszendenten«. Seminar-Lektion für die Ausbildung von Astrologen am Institut von Hermann Meyer, München

Claude Weiss: »Astrologie – eine Wissenschaft von Raum und Zeit« (Edition Astrodata Verlag, CH-Wettswil 1987)

Bildnachweis AKG, Berlin: 2, 115, 151

Anmerkung der Redaktion Diesem Buch liegt die im Juli 1996 in Wien beschlossene und ab 1.8.1998 verbindliche Neuregelung der deutschen Rechtschreibung zu Grunde.

Die Autorinnen

Hermine-Marie Zehl, geboren in Niederösterreich, lebt heute als freie Autorin und Redakteurin in Hamburg. Seit vielen Jahren beschäftigt sie sich intensiv mit Astrologie, Psychologie und Naturphilosophie und gibt Kurse zu astrologischen Themen. Im LUDWIG-Verlag veröffentlichte sie bereits zwei Bücher zum Thema »100jähriger Kalender«.

Christine Kobbe, geboren in Düsseldorf, aufgewachsen in München – Magister der Germanistik und Psychologie, Studium der Anglistik und Lehrtätigkeit in England –, lebt als Studienrätin und Astrologin in München.

Beide Autorinnen erhielten ihre astrologische Ausbildung am »Institut für psychologische Astrologie«, Hermann Meyer, in München.

Impressum

Redaktion: Herbert Scheubner
Projektleitung: Sandra Klaucke
Redaktionsleitung: Dr. Reinhard Pietsch
Produktion: Manfred Metzger
Umschlag: Peter Gross
Illustrationen: Beate Brömse
DTP/Satz: Tina Kortner;
AVAK Publikationsdesign

Printed in Germany

Gedruckt auf chlor- und säurearmem Papier

ISBN 3-7787-3562-4

Register

A

Anlagen, persönliche 19f.
Arbeit 40
Aszendent (allgemein) 8, 10f., 16, 18ff., 56ff., 76, 78ff.
Aszendent Fische
– Jungfrau-Qualität 155f.
– Löwe-Qualität 156f.
– Skorpion-Qualität 152f.
– Waage-Qualität 153f.
Aszendent Jungfrau
– Fische-Qualität 119f.
– Stier-Qualität 116f.
– Wassermann-Qualität 120f.
– Widder-Qualität 117f.
Aszendent Krebs
– Fische-Qualität 102f.
Schütze-Qualität 106f.
– Steinbock-Qualität 105f.
– Wassermann-Qualität 103f.
Aszendent Löwe
– Fische-Qualität 110f.
– Steinbock-Qualität 113f.
– Wassermann-Qualität 112f.
– Widder-Qualität 108f.
Aszendent Schütze
– Krebs-Qualität 136f.
– Löwe-Qualität 134f.
– Stier-Qualität 139
– Zwillinge-Qualität 137f.
Aszendent Skorpion
– Krebs-Qualität 128f.
– Stier-Qualität 131f.
– Widder-Qualität 132f.
– Zwillinge-Qualität 130f.
Aszendent Steinbock
– Jungfrau-Qualität 140f.
– Krebs-Qualität 143f.
– Löwe-Qualität 142f.
– Zwillinge-Qualität 145
Aszendent Stier
– Schütze-Qualität 91f.
– Skorpion-Qualität 93f.
– Steinbock-Qualität 90f.
– Waage-Qualität 94f.
Aszendent Waage
– Fische-Qualität 126f.
– Stier-Qualität 123f.
– Widder-Qualität 125f.
– Zwillinge-Qualität 122f.
Aszendent Wassermann
– Jungfrau-Qualität 147f.
– Krebs-Qualität 150
– Löwe-Qualität 148f.
– Waage-Qualität 146f.
Aszendent Widder
– Jungfrau-Qualität 89
– Schütze-Qualität 84f.
– Skorpion-Qualität 86ff.
– Waage-Qualität 87f.
Aszendent Zwillinge
Schütze Qualität 99f.
– Skorpion-Qualität 100f.
– Steinbock-Qualität 97f.
– Wassermann-Qualität 96f.
Aszendenten ermitteln 13
Aszendententabelle 14f.
Aszendentenzeichen (Typologisierung) 22ff.
Aufgaben (Typologisierung) 46

B

Benehmen (Typologisierung) 23
Beruf (Typologisierung) 27, 32, 34, 36, 46
Besitz (Typologisierung) 32
Bewusstsein (Typologisierung) 27
Beziehung (Typologisierung) 23, 25, 27, 30, 32, 38, 40, 42, 44

C

Charakter (Typologisierung) 25, 30, 35f.

D

Döbereiner, Wolfgang 10

E

Energie (Typologisierung) 22f.

F

Fähigkeiten (Typologisierung) 23ff., 29, 31, 33, 38ff., 43, 45
Familie (Typologisierung) 23, 36
Fische 48, 54
Fische-Aszendent 45ff.

G

Geburtshoroskop siehe Horoskop
Geburtsstunde 13, 18
Gefühl und Leidenschaft (Typologisierung) 37
Gefühl und Verstand (Typologisierung) 34
Gestalt (Typologisierung) 22, 24f., 28, 30, 33, 35, 37f., 40, 43, 45

H

Haus/Häuser 8, 10ff., 16, 48ff., 52ff., 76, 78
Häuseranfang 9
Häuserinterpretation nach Hermann Meyer 50f.
Häuserspitzen 9, 16, 18, 54f., 58, 78
Hingabe (Typologisierung) 46
Horoskop 8f., 18, 54, 58f., 79ff.

J

Jungfrau 48, 54
Jungfrau-Aszendent 33f., 47

K

Krebs 48, 54
Krebsaszendent 28ff., 47

L

Lebensfreude (Typologisierung) 42
Lebensrhythmen 11
Löwe 48, 54
Löwe-Aszendent 30ff., 47

M

Macht (Typologisierung) 31, 37
Mond 16, 82f.
Mondrhythmus 8

P

Persönlichkeit 11, 56
Planeten 12, 16, 82

Q

Quadranten 16, 52ff.

S

Schönheit (Typologisierung) 35
Schütze 48, 54
Schütze-Aszendent 38ff., 47
Selbstdarstellung (Typologisierung) 26
Selbstvertrauen (Typologisierung) 37
Selbstverwirklichung (Typologisierung) 32
Sexualität (Typologisierung) 38
Sieben als magische Zahl 8
Siebenjahresherrscher 9f., 54f., 78ff.
Siebenjahresrhythmus 10
Skorpion 48, 54
Skorpion-Aszendent 37f., 47
Sonne 10f., 16, 20, 56ff., 76
Sonne im
– Fisch 74f.
– Krebs 63f.
– Löwen 64
– Schützen 69ff.
– Skorpion 67f.
– Steinbock 71f.
– Stier 61
– Wassermann 72f.
– Widder 60f.
– Zwilling 62
Sonne in der Jungfrau 65f.
Sonne in der Waage 66f.
Steinbock 48, 54
Steinbock-Aszendent 40ff., 47
Stier 48, 54
Stier-Aszendent 24f., 47

T

Tierkreis, »natürlicher« 9
Transite 10
Triebe, angeborene 18f.

W

Waage 48, 54
Waage-Aszendent 35f., 47
Wassermann 48, 54
Wassermann-Aszendent 42ff., 47
Wesen (Typologisierung) 24, 28, 32, 34f., 39, 41f., 43, 45f.
Widder 8, 48, 54
Widder-Aszendent 22f., 47

Z

Zeichen 10ff.
Zeitqualitäten 10, 55, 79ff.
Zuverlässigkeit (Typologisierung) 23
Zwillinge 48, 54
Zwillinge-Aszendent 25ff., 47

Das Astro World-Paket

Systemvoraussetzungen: PC mit 486-Prozessor sowie mindestens 4 MB RAM Hauptspeicher und Windows 3.1 oder Windows 95

Die Programme auf der CD

Astro World 2.1: Vollversion des Astrologieprogrammes (Version 2.1)
Astro World 2.3: Sharewareversion (neue Version 2.3)
Astro World Tao: Sharewareversion des chinesischen Horoskopprogramms Tao
Astro World 42: Sharewareversion des Numerologieprogramms

Installation der Programme

In Windows 3.1 öffnen Sie das Datei-Menü im Programm-Manager und wählen *Ausführen* an. In Windows 95 wählen Sie *Start/Ausführen.* Geben Sie dann die Kennung Ihres CD-ROM-Laufwerks, gefolgt von folgenden Angaben, ein:

- Um Astro World 2.1 Vollversion zu installieren: \ASTRO21\AW219D.EXE
- Für Astro World 2.3 Shareware: \ASTRO23\AW230D.EXE
- Für Astro World Tao Shareware: \TAO\TAO11D.EXE
- Für Astro World 42 Shareware: \ASTRO42\SETUP.EXE

Beispiel: Wenn Sie Astro World 2.1 Vollversion installieren möchten und Ihr CD-ROM-Laufwerk die Kennung E: hat, dann geben Sie ein: E:\ASTRO21\AW219D.EXE

Nach der Installation existiert eine neue Programmgruppe bzw. ein Eintrag in *Start/Programme,* betitelt mit Astro World. Dort finden Sie die entsprechenden Anleitungen zum Start des Programms.

Bei den Sharewareversionen müssen Sie die Registrationsabfrage mit *OK* bestätigen. Das Programm wird dann als unregistrierte Sharewareversion gestartet. Dadurch sind einige Funktionen, wie z.B. Ausgabe der Horoskope als Datei statt als Ausdruck, gesperrt. (Diese Funktionen werden nur in der registrierten Version freigegeben!)

Mit Astro World 2.1 bzw. 2.3 können Sie folgende Horoskope berechnen:

- Radix = Geburtshoroskop
- Transit = Tageshoroskop
- Synastrie = Partnerhoroskop

Wie Sie diese einzelnen Funktionen aufrufen, erfahren Sie unter der »Hilfe«-Funktion. Klicken Sie auf das Fragezeichen, um diese Hilfe zu aktivieren.
Bevor für eine bestimmte Person ein Horoskop erstellt werden kann, muss sie in der Personendatenbank angelegt worden sein. Den Dialog ruft man entweder über *Erfassung/Personen erfassen* oder per Doppelklick auf das Ikon auf. Nach Eingabe aller Daten wird die neue Person per Klick auf *Sichern* in die Datenbank aufgenommen und anschließend der Dialog mit *OK* beendet. Vorsicht: Klickt man sofort auf *OK,* werden die Daten nicht gespeichert!